똥 수업

유자와 노리코 지음 | 가나이 마키 그림 | 김나정 옮김

지경사

첫 조회 시간

특이한 선생님

나는 아주 평범한 초등학교 4학년 학생이다. 오늘부터 새 학기가 시작된다. 우리 4학년 2반 담임 선생님은 과연 어떤 분이실지 기대가 된다. 나는 이런 두근거리는 느낌이 참 좋다.

드르륵! 교실 문이 열렸다. 편안한 운동복 바지에 티셔츠, 머리는 부스스한 남자 선생님이 들어오셨다.
 어, 뭐지? 티셔츠에 어떻게 저런 그림이……?
 반 아이들 모두 놀랐는지 웅성거리기 시작했다. 하지만 선생님은 신경 쓰지 않고 커다란 목소리로 인사를 하셨다.

 얘들아, 안녕? 나는 오늘부터 이 반의 담임을 맡은 다카라도 다이사쿠라고 해.

선생님은 칠판에 이름을 크게 쓰고는 이렇게 말씀하셨다.

 내 성은 보배 보(寶)자에 흙 토(土)자를 쓰고, 이름은 큰 대(大)자에 지을 작(作)자를 써. 나 다이사쿠는 내 이름이 아주 마음에 들어. 멋지지 않니? 시골에서 농사를 지으시는 우리 할아버지께서 지어 주신 이름이야. 누군가 내 이름의 멋진 부분을 자세히 설명해 줄 사람 있을까~?

설명할 누군가가 있을 리 없지! 그보다 자신을 '나 다이사쿠'라고 하다니, 이 선생님 정말 특이한걸?

내 이름에서 가장 멋진 부분은 다이사쿠의 '대(大)'야.

선생님은 칠판에 적힌 '大(큰 대)'자에 동그라미를 친 다음 이야기를 계속하셨다.

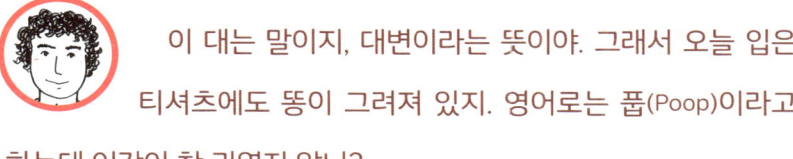 이 대는 말이지, 대변이라는 뜻이야. 그래서 오늘 입은 티셔츠에도 똥이 그려져 있지. 영어로는 품(Poop)이라고 하는데 어감이 참 귀엽지 않니?

이 선생님 갑자기 뭐지? 교실 안이 순식간에 떠들썩해졌다.

"꺄악, 선생님! 그런 이야기해도 되는 거예요?"

"대박이다!"

"선생님, 진지한 태도로 수업해 주세요!"

"와, 으악!"

반 친구들은 모두 소리를 질렀다.

 그래서 말이지…….

뭐가 그래서라는 건지 정말! 부스스한 곱슬머리 선생님은 칠판에 '우리 반 목표'로 시작하는 문구를 쓰셨다.

우리 반 목표— 똥에 대해 이해하기, 재미있어하기, 생각하기

교실은 더욱 소란스러워졌다. 도대체 이 선생님 뭐지? 우리 반은 앞으로 어떻게 되는 걸까? 아무리 장난이라 해도 너무 심한 것 아니야? 이런 나의 마음을 읽었는지 선생님은 이렇게 말씀하셨다.

 자자, 조용히! 내 이야기가 장난처럼 들릴 수도 있겠지. 하지만 우리는 앞으로 이 주제에 대해서 다 함께 진지하

게, 성실한 태도로 자세히 알아볼 거야. 생각해 보렴. 이 세상에 똥을 안 누는 사람은 없잖아? 인간뿐이 아니지. 벌레와 새, 짐승, 물고기, 식물처럼 살아 있는 모든 것들은 똥을 눈단다. 사람이 살아가는 데는 먹는 것도 중요하지만 그에 못지않게 내보내는 일도 중요하지.

스스로 만족한 듯 고개를 끄덕거리는 선생님을 부르며 학급 임원인 다나카가 손을 들었다.
"그런데 선생님, 학교에서 똥 이야기를 해도 되나요? 보통은 안 하잖아요. 교육적으로 괜찮은 건가요?"
그러자 선생님이 씩 웃으며 대답하셨다.

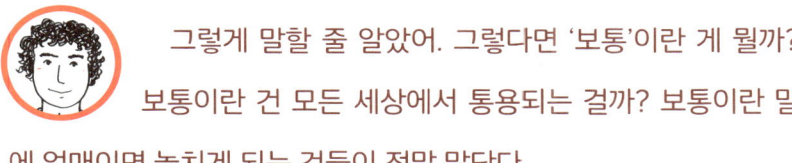
그렇게 말할 줄 알았어. 그렇다면 '보통'이란 게 뭘까? 보통이란 건 모든 세상에서 통용되는 걸까? 보통이란 말에 얽매이면 놓치게 되는 것들이 정말 많단다.

아이들은 알 듯 말 듯한 표정으로 고개를 갸웃거렸다. 아리송하다는 표현은 바로 이럴 때 쓰는 것 같았다.

똥은 어디로 사라졌지?

선생님은 고개만 갸웃거리는 우리를 보고 진지한 표정으로 천천히 이야기하셨다.

 똥은 우리가 살아가는 데 정말 중요한 것인데, 왜 학교에서는 똥 이야기를 하지 않게 되었을까? 모두 날마다 똥을 누는데 말이야. 똥은 어디로 사라진 거지?

아니, 그걸 저희가 어떻게 알아요?

 예를 들면, 병원이나 어린이집, 요양 시설에서는 똥이 무척 중요하기 때문에 똥 이야기도 자주 한단다. 내 어머니는 어린이집 선생님이고, 여동생은 요양 시설에서 일해. 그래서 잘 알고 있지.

시끌벅적했던 교실이 순식간에 조용해졌다.

 그래, 지금은 몰라도 괜찮아. 올 한 해 동안 함께 지내면서 너희가 종종 똥에 대해 생각해 봤으면 좋겠구나. 그럼

이걸로 오늘 조회는 끝! 1교시는 체육이니까 운동장으로 나오렴.

선생님은 알아들을 수 없는 노래를 흥얼거리며 교실을 나섰다.

종종 똥에 대해 생각을 한다고? 도저히 이해가 되지 않을 뿐만 아니라 그럴 생각은 눈곱만큼도 없다. 그래, 이건 분명 다른 반에는 말할 수 없는 우리 4학년 2반만의 비밀 같은 거야. 선생님이 조금 특이할 뿐이니까 일단 진정하자. 나는 그냥 '평범한' 초등학생이니까.

이때만 해도 부스스 머리 선생님(우리 반에서 정한 선생님 별명이다)과의 엄청난 일상이 기다리고 있을 거라고는 상상조차 하지 못했다.

부스스 머리 선생님이 해 주시는 이야기는 언제나 우리의 예상을 뛰어넘었다. 게다가 모든 수업 시간에 '똥' 이야기를 하셔서 긴장을 늦출 수가 없다.

그리고 우리는 이것을 부스스 머리 선생님의 '똥 수업'이라고 부르기로 했다.

"우아, 또 시작이다. 똥 수업!"

라고 우리가 소리치면 선생님은 만족스러운 표정을 지으신다. 정말 특이한 선생님이다.

괴상하고 놀랍지만 의외로 도움이 되는 이야기, 그리고 듣고 있으면 똥과 함께 모험을 떠나는 기분이 드는 부스스 머리 선생님의 '똥 수업'.

지금부터 똥을 둘러싼 재미난 모험이 시작된다.

차례

첫 조회 시간 · 2

등장인물 소개 · 12

똥 수업 1 똥은 몸이 보내는 편지 · 14

      똥그라미의 시원한! 설명① 브리스톨 대변 척도란 뭘까? · 19

똥 수업 2 바닷속 똥과 에인절피시(폴리네시아의 섬들) · 20

똥 수업 3 이탈리아의 똥 축제 · 25

      똥그라미의 시원한! 설명② 슬로푸드란 뭘까? · 30

똥 수업 4 부스스 머리 선생님 이름의 비밀 · 31

      똥그라미의 시원한! 설명③ 발효와 미생물의 작용 · 37

똥 수업 5 똥은 보물 · 38

똥 수업 6 똥과 한자 연습 · 43

쉬는 시간 서바이벌 똥 클럽 결성 · 48

똥 수업 7 하늘을 나는 화장실 이야기 · 53

      똥그라미의 시원한! 설명④ SDGs란 뭘까? · 58

똥 수업 8 똥을 먹고 살아간다? · 59

똥 수업 9 숨겨진 똥 · 64

> 똥그라미의 시원한! 설명⑤ 똥에 대한 고민이 생기면? · 70

똥 수업 10 똥이 만들어지는 데 걸리는 시간 재기 · 71

똥 수업 11 정차 중에는 똥을 누면 안 돼요! · 76

똥 수업 12 건국 신화에 빠지지 않는 똥 이야기 · 81

똥 수업 13 밤의 흙과 밤 사람 · 86

똥 수업 14 서러브레드의 똥은 어디로 갈까? · 91

똥 수업 15 지구상의 똥 계산하기 · 96

똥 수업 16 전쟁과 똥 · 101

똥 수업 17 똥으로 종이 만들기(코끼리 똥 종이) · 106

또 다른 시작과 종례 · 111

서바이벌 똥 클럽 활동 기록 ①~⑤ · 118

'똥' 관련 도서 목록 · 125

어른들을 위한 후기 · 126

작가 소개 · 127

다나카

학급 임원. 성실하며 질문하기를 좋아한다. 장기와 오셀로 게임을 무척 잘하고, 벌레를 무서워한다.

나(스즈키 하루토)

이 책의 주인공. '아주 평범한' 초등학교 4학년 학생으로, 부모님, 중학생 누나와 함께 살고 있다. 공부는 잘 못하지만 농구는 자신 있다.

다카라도 다이사쿠 선생님
(부스스 머리 선생님)

4학년 2반 담임 선생님. 타고난 곱슬머리로 언제나 부스스한 스타일이다.
"시험에는 안 낼 거야!"라는 말을 자주 한다.

똥그라미

똥과 화장실에 관한 이야기를 알기 쉽게 설명해 준다.

고바야시

어머니는 영국인이고 아버지는 일본인이다. 나이에 비해 어른스러우며, 곱슬거리는 밤색 머리카락이 콤플렉스지만 반 친구들은 고바야시의 머리를 모두 부러워한다.

사토

책을 좋아해서 모르는 게 없는 척척박사 스타일. 생각보다 날렵하다. 가장 좋아하는 책은 도서관에 있는 백과사전이다.

다카하시

항상 활기가 넘치고, 그림을 잘 그린다. 친구가 많은 4학년 2반 분위기 메이커다.

야마다

모두가 인정하는 먹보로 체격이 크다. 붙임성이 좋고 상냥하며 좋아하는 음식은 크로켓 빵.

똥은 몸이 보내는 편지

이 책에는 🧻와 💧 그리고 🌸 모양 그림과 함께 숫자가 적혀 있어. 이 표시를 발견하면 해당 페이지를 찾아봐. 시원하고 재미있는 내용이 기다리고 있을 거야.

똥으로 건강 확인

"다들 준비 운동하자!"

운동장으로 나가자 부스스 머리 선생님이 외치면서 팔을 흔들었다. 준비 운동은 무릎 구부리기부터 시작했다. 하나, 둘, 셋! 그러고는 부스스 머리 선생님이 이야기를 시작하셨다.

 내 고향 집 화장실은 동양식 변소야. 뭐라고? 동양식 변소가 뭐냐고? 이렇게 무릎을 구부린 상태에서 다리를 조금 더 벌린 다음 쭈그려 앉아서 볼일을 보는 화장실이야. 예전에는 이런 변기가 많았는데 요즘은 '서양식 변소'처럼 의자에 앉아서 볼일을 보는 변기가 대부분이지.

그런데 우리 집 변소는 아직도 동양식이야. 왜냐고? 우리 어머니가 "건강을 확인하기 위해 서양식 변기는 쓰지 않을 거야."라고 말씀하셨거든. 무슨 말인지 이해가 되니?

나는 선생님이 무슨 말씀을 하시는지 도무지 이해가 되지 않았다. 그보다 동양식 변소는 어떻게 생겼는지 궁금했다. 게다가 변소라니……. 정말 옛날 사람들이 쓰는 말 같잖아?

이해가 잘 안 되는 것 같은데 그럼 질문을 바꿔 볼까? 오늘 아침 자기 똥을 관찰한 사람 있니?

아마 다들 바로 물을 내려서 모양이나 색깔을 보지 못했을 거야. 그리고 똥이 물속으로 가라앉으니 냄새도 잘 느껴지지 않았을 테고.

사실 똥이라는 것은 우리 몸이 보내는 일종의 '편지' 같은 거야. 건강 상태를 알려 주거든. 똥은 한자어로 '변(便)'이라고도 하는데 편지의 '편'도 같은 한자를 써. 그러니까 똥은 꼭 확인해야 하는 존재란다.

선생님은 운동장에 '변'이라는 한자를 크게 쓰고는 씩 웃었다.
"선생님, 그런데 똥을 어떻게 관찰해요? 색깔? 모양? 냄새? 뭘 어떻게 보면 되는데요?"
우리는 체조를 멈추고 부스스 머리 선생님을 둘러싸듯 모였다.

 그래, 관찰에 대한 관심이 생겼구나. 우선 모양으로 알 수가 있지. 어떤 모양의 똥이 건강한지는 사람에 따라 다를 수 있지만, 일단 너무 무르지 않은 편이 좋단다. 나는 바나나 모양이 나오면 '오늘 건강 상태가 좋구나.'라고 생각하지. '변비'는 똥이 너무 딱딱해서 누기가 힘들고, 똥이 너무 무른 '설사'는 배가 아프지.

똥 모양을 일곱 가지로 나눈 '브리스톨 대변 척도'라는 것이 있어. 브리스톨 대학에서 개발했지. 자기 똥을 매일 관찰하다 보면 건강 상태가 좋을 때의 똥 모양이 어떤지 알게 된단다. 이게 바로 자신의 감각을 이용한 '건강 관찰'인 셈이지.

똥 누는 자세의 역사

부스스 머리 선생님은 자신의 설명에 만족한 듯 뿌듯한 미소를 지으셨다. 우리는 무슨 말인지 알아듣기는 했지만 똥을 쭈그려 앉아서 누면 너무 힘들 것 같았다.

선생님은 시대의 흐름에 따라 우리의 생활 양식과 신체가 바뀌면서 자세도 바뀌게 되었다고 설명해 주셨다.

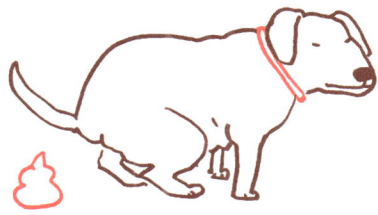

모범 자세는 쭈그려 앉은 불량배와 강아지가 똥 누는 자세

동양식과 서양식 변기 모두 장단점이 있어서 어느 쪽이 무조건 좋다고만 할 수는 없어. 하지만 변기가 바뀌면 인간의 몸에도 중요한 변화가 일어난단다.

무릎 구부리기 운동 자세에서 무릎을 더 깊이 구부린 다음 두 발을 살짝 벌리고 발뒤꿈치를 천천히 땅에 밀착시켜 볼까? 너무 아프다면 무리하지 않아도 좋아. 발뒤꿈치를 붙인 상태에서 균형을 잘 잡을 수 있겠니?

천천히 발뒤꿈치를 붙였더니 자세가 흐트러져 뒤로 발라당 넘어가고 말았다. 내 옆에 있던 다나카도 마찬가지였다.

선생님이 진지하게 말씀하셨다.

이 자세는 동양식 변소의 사용법인 '똥 누는 자세'야. 요즘에는 다들 집에서도 방바닥에 앉지 않고 의자나 소파에 앉는 서양식 생활 습관이 몸에 배어 있잖아? 그래서 '똥 누는 자세'를 하려고 하면 서양 사람들처럼 뒤로 자빠지게 되는 사람이 많아지고 있다고 해. 그러니 자연스레 동양식 변소를 사용할 수 없는 사람이 늘고 있는 것이지. 동네 불량배가 편의점 앞에서 똥 누는 자세로 앉아 있는 모습을 잘 볼 수 없게 된 것도 화장실의 변화와 관련이 있는 것인지도 몰라.

그런데요 선생님, 불량배도 옛날에나 쓰던 말 아닌가요……?

우리는 운동장에 커다랗게 쓰인 '변'이라는 글자를 둘러싼 채 한동안 '똥 누는 자세'를 연습했다. 양호실에서 우리를 내다보고 있던 사쿠라바 선생님이 "파이팅!"이라고 외치며 손을 흔들어 주셨다.

똥그라미의 시원한! 설명

 ① 브리스톨 대변 척도란 뭘까?

우리가 거의 날마다 누는 똥은 그 색깔과 모양이 늘 다르지만 크게 7가지로 나누어 볼 수 있어. 대변의 모양과 상태를 확인하는 기준이지.

똥은 음식물 찌꺼기와 수분, 장 속 세균이 모여 만들어져. 장에서 천천히 수분을 흡수해서 적당한 굳기로 만든다고 해. 그래서 먹은 음식이나 마신 수분의 양, 그리고 장 속에 머물러 있는 시간에 따라 똥의 모양과 단단한 정도가 달라지는 것이지.

① 염소똥처럼 동글동글하다
(심한 변비)

② 울퉁불퉁 딱딱하다
(약한 변비)

③ 갈라져 있다
(정상)

④ 부드러운 바나나 같다
(정상)

⑤ 물렁물렁하다
(식이섬유 부족)

⑥ 진흙 같다
(약한 설사)

⑦ 물 같다
(심한 설사)

사회 시간 지리 편

똥 수업
2

바닷속 똥과 에인절피시
(폴리네시아의 섬들)

폴리네시아의 화장실

나는 사회 시간을 좋아한다. 특히 선생님이 세계 여행 갔을 때 이야기를 해 주시는 걸 좋아한다. 우리 엄마 아빠는 일을 하셔서 쉬는 날을 맞추기가 어렵다. 그래서 여름 방학에도 가까운 곳으로 여행을 가고는 한다. 그것도 나름 재미있지만 언젠가 해외여행을 가 보고 싶다고 생각하면서 고개를 돌려 창밖 하늘을 쳐다봤다.

오늘은 부스스 머리 선생님이 어떤 이야기를 해 주실까?

 요새 부쩍 더워졌지? 곧 여름 방학인데, 교실 밖을 나서는 순간 바다가 나타난다면 얼마나 좋을까? 그래서 오늘은 바다 내음과 파도 소리가 느껴지는 사회 수업을 해 볼 거야!

오늘 선생님은 화려한 무늬가 그려진 알로하셔츠를 입고 오셨다. 최근에 알게 되었는데, 선생님은 대학교에서 지리학과 인류학이라는 것을 공부하셨다고 한다. 탐험이나 여행, 현지 조사 같은 것을 하신다고 한다. 오늘도 커다란 세계 지도를 칠판에 붙이면서 이야기를 시작하셨다.

얘들아, '폴리네시아'라고 들어 본 적 있니? 모르는구나. 그래, 모르는 게 당연하겠네. 하하하! 태평양은 저번 시간에 배운 거 기억나지? 태평양 남쪽 지역에는 작은 섬들이 여러 개 있어. 하와이가 여기에 있고 뉴질랜드와 라파 누이(거인 석상으로 유명한 이스터섬)를 이으면……. 이것 봐, 커다란 삼각형이 생겼지? 이 안쪽에 흩어져 있는 섬들을 통틀어서 '폴리네시아'라고 말해. 시험에는 안 낼 거니까 걱정 마!

오늘은 이 섬들 중 한 곳에서 1년간 살면서 섬사람들의 생활을 조사한 내 연구 스승님 이야기를 들려줄게. 이런 걸 '현지 조사'라고 하는데, 1년간 살게 된다면 너희는 무엇을 가장 신경 쓸 것 같니?

학교! 음식! 어떤 집에서 사는 거예요? 화장실은요?

언제나 그랬듯 교실이 떠들썩해졌다. 그나저나 폴리네시아는 어떤 곳일까?

화장실이 없는 섬

그렇지. 다들 화장실이나 똥 이야기가 듣고 싶겠구나! 우리나라에서는 어디를 가든 화장실을 쉽게 찾아볼 수 있지만 말이야, 내 스승님이 갔던 섬에는 화장실이 없었다고 해. 어느 집에서도 화장실을 찾아볼 수 없었는데, 이건 문명의 발달이 늦어서나 야만족이기 때문이 아니야. 세상에는 다양한 화장실과 똥 누는 방법이 있다는 이야기지.

세계를 돌아다니다 보면 화장실이 있고 없고를 포함해 그 생김새와 장소, 사람이 똥오줌을 누는 방법과 뒤처리 방법이 참 다양하다는 걸 알 수 있어. 이렇게 정말 다양한 '삶의 방식'에 놀라기도 한단다.

"선생님, 저는 화장실이 없으면 못 살아요!"
다카하시가 단호하게 말했다.

세계를 여행하다 보면 화장실이 없다는 사실에 점점 익숙해지게 될 거야. 하지만 어디서 똥을 눌지 생각해 볼 필

요는 있지. 폴리네시아는 바다로 둘러싸인 작은 섬이니까 내 스승님은 일단 바닷가에서 누는 편이 좋겠다고 생각했대. 그리고 그 섬에는 바위가 많았는데, 해수면이 가장 높아지는 밀물 때에 똥을 휩쓸어 갈 수 있는 장소가 좋겠다고 생각한 거야. 그런데 어느 날, 마을 사람들이 바닷속에서 똥을 눈다는 사실을 알았어.

네? 바닷속이라니, 그게 무슨 말이에요?

 바다에 들어가서 똥을 눈다는 거지.

꺄악! 우아, 진짜요?
늘 그랬지만 아이들은 오늘따라 더욱 크게 괴성을 질러 댔다. 교실은 파도 소리로 가득했다.

그뿐만이 아니야. 똥을 누면 말이지, 30센티미터 정도나 되는 커다란 에인절피시가 엉덩이를 향해 엄청난 속도로 헤엄쳐 와서 똥을 먹는대. 똥을 눈 사람은 시원한 데다가 휴지도 필요가 없지. 세상에! 이런 화장실도 있다니, 스승님은 완전히 색다른 경험을 하신 거지. 화장실은 이래야 한다는 생각, 다시 말해 그런 고정 관념이 완전히 깨지는 경험을 하신 거야.

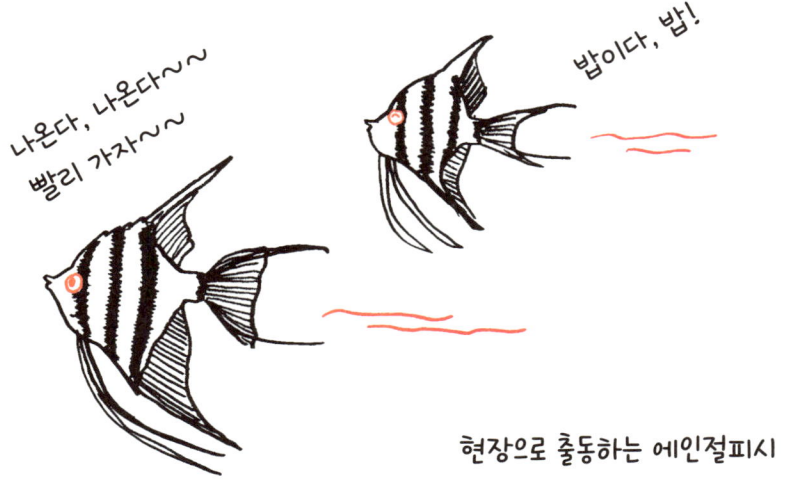

현장으로 출동하는 에인절피시

하지만 이건 정말 옛날이야기이고, 지금은 폴리네시아도 완전히 바뀌었다고 하니 조금 아쉽기도 해. 자, 그럼 수업을 시작하자. 교과서와 지도책(사회과 부도)을 펼쳐 보렴.

본격적인 수업이 시작되었는데도 나는 폴리네시아의 에인절피시 이야기에 푹 빠져 지도책의 남태평양에서 눈을 뗄 수가 없었다. 종이 울리자 평소의 왁자지껄한 소음이 들려오면서 꿈에서 깬 듯한 기분이 들었다. 방금까지 귓속에 울려 퍼졌던 파도 소리는 사라지고 없었다.

가 정 시 간

이탈리아의 똥 축제

이탈리아에서 보내온 소식

오늘은 부스스 머리 선생님이 치즈 이야기를 들려주신다고 했다. 나는 치즈를 무척 좋아해서 기대가 되었다. 설마 가정 시간에 똥 이야기는 안 하시겠지……. 하지만 내 예상은 크게 빗나갔다.

 얘들아, 오늘 급식 맛있게 잘 먹었니? 오늘은 음식 이야기를 해 볼 거야.

그러고 나서 부스스 머리 선생님은 갑자기 컴퓨터를 켰다. 교실의 커다란 모니터에 뭐가 나올지 뚫어지게 바라보는데 한 여자 얼굴이 떴다.

내 친구 유카코 선생님을 소개할게. 오늘은 온라인으로 유카코 선생님과 함께 수업을 진행할 거야.
유카코 선생님, 지금 어디에 있나요?

안녕! 여러분, 저는 지금 이탈리아의 작은 마을에서 열린 치즈 축제에 왔답니다.

와, 재미있겠다! 교실이 떠들썩해졌다. 갑자기 이탈리아라니, 무슨 일일까?

이탈리아에는 '슬로푸드'라는 개념이 있어요. 음식을 만드는 사람들과 지역을 아주 소중히 여겨서 다들 음식에 관심이 많답니다. 이탈리아 곳곳에서는 이렇게 음식 축제가 열리는데, 음식을 만드는 사람이나 지역과의 만남을 즐길 수 있지요. 저는 오늘 축제에서 치즈와 치즈 만드는 사람을 만나 볼 거예요.

슬로푸드와 치즈 축제

 유카코 선생님이 카메라를 빙 돌려 주변 풍경을 보여 주셨다. 언덕, 빨간 벽돌로 지어진 건물, 그리고 천막 아래에는 엄청나게 커다란 치즈가 죽 놓여 있는 탁자가 보였다. 의국에 가 본 적은 없지만 언젠가 꼭 가 보고 싶다. 가서 치즈를 먹어야지.

 짜잔! 여기를 보세요, 여러분. 치즈 축제와 함께 똥 축제도 열리고 있어요. 그 이유를 아나요?

 유카코 선생님은 축제 포스터를 가까이 보여 주셨다. 난데없이 똥 축제라니! 방심하고 있었더니 이번에도 똥 이야기가 시작되었군.
 "우아, 똥이잖아!"
 부스스 머리 선생님이 크게 외쳤다.

 맞아요. 이건 소똥 축제예요. 이곳의 치즈는 이 소들의

본 조르노!
(반갑습니다)

젖으로 만들어져요. 맛있는 우유는 건강한 소에서 나오죠. 건강한 소는 건강한 똥을 누고요. 그래서 맛있는 치즈는 건강한 똥이 없으면 만들 수 없답니다. 후후훗.

"똥으로 뭘 하는데요?"
먹보 야마다가 물었다.

 소똥을 동그랗게 말아서 표적을 맞히는 게임이라든지, 물에 넣으면 어떻게 되는지 지켜보는 이벤트가 있어요. 어

린이들이 즐겁게 소똥을 동그랗게 말고 있었답니다. 똥과 친해지기 위한 놀이 같은 것이지요.

똥을 동그랗게 만다고? 똥과 친해져? 나는 너무나 놀라워서 상상조차 되지 않았다…….

하긴, 다들 소똥에 대해 잘 모를 테지. 그럴 수 있어. 소는 풀을 마구 먹어치우잖아? 그걸 네 개의 위장에서 소화시켜. 그렇게 나온 똥은 천연 비료(거름)나 연료로 이용하고, 나라에 따라서는 집의 마룻바닥이나 벽 재료로 쓰기도 해. 똥은 정말 많은 도움을 주지.

도움을 주는 똥이라니! 똥은 그저 더럽고 쓸모없는 쓰레기라고만 생각했는데 천연 비료로도 쓰이는구나. 소가 똥을 누고, 그게 거름이 되어서 흙으로 돌아가고, 그곳에 자란 풀을 소가 또 먹는 거야…….

그러니까 음식과 똥은 서로 연결되어 있다는 뜻일까?

똥그라미의 시원한! 설명

 ② 슬로푸드란 뭘까?

'슬로(slow)'는 '느린' 천천히'라는 뜻이야.

슬로의 반대말은 '패스트(fast)'로 '빠른'이라는 뜻이지. 즉, '패스트푸드'는 주문하면 바로 받아서 먹을 수 있는 햄버거 같은 음식을 말해. 전 세계 사람들이 음식이나 식사를 '빨리' 해결하기 위해 생겨난 간편 음식이지.

이러한 흐름과는 반대로 1986년에 이탈리아의 작은 마을에서 음식을 천천히, 그리고 충분히 맛보자는 '슬로푸드'라는 개념이 생겼어.

천천히 키워서

천천히 만들어

천천히 먹는

슬로푸드

점심시간

똥 수업
4

부스스 머리 선생님 이름의 비밀

똥은 흙을 만든다?

배고파. 앗, 종이 울렸다. 드디어 점심시간이다! 그런데 그때 부스스 머리 선생님이 갑자기 소리쳤다.

얘들아, 기다리고 기다리던 점심시간이야. 야호!
오늘은 뭐가 나올까?♪ 어떤 요리가 나올까!♪

부스스 머리 선생님은 껑충거리며 급식 당번 주변을 맴돌았다. 설마 점심시간에 똥 이야기를 하시지는 않겠지 했는데, 아니나 다를까!

 얘들아, 오늘은 드디어 내 이름의 비밀을 밝히는 날이야. 내 이름은 다카라도 다이사쿠!

"네, 잘 알고 있어요."
학급 임원인 다나카가 바로 대답했다.

처음 만난 날에도 말했지만, 다이사쿠의 '다이'는 대변의 '대'자야. 우리 할아버지는 농사를 지으셨는데, 쌀과 채소를 잘 키우려면 '흙'이 중요하다고 하셨지. 옛날에는 영양 만점 흙을 만들기 위해 똥을 비료(거름)로 만드는 '비법'이 있었다는 거, 다들 알고 있니?

진짜요? 그게 말이 돼요? 또다시 교실이 시끌벅적해졌다.

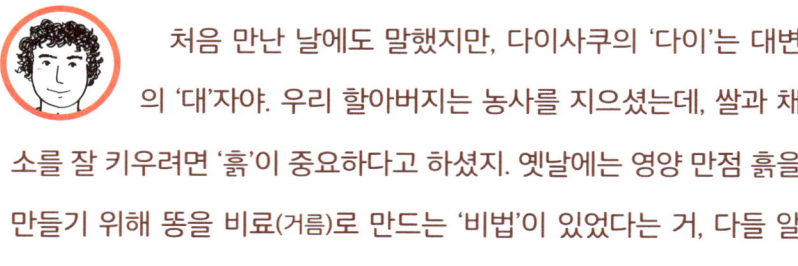 대변은 시간이 지남에 따라 발효되면서 분해되어 비료가 된단다. 작물을 심기 위해서는 '보물 흙'이 필요한데, '대변'으로 이 흙을 만들어. 할아버지는 그런 의미를 담아서 내 이름을 큰 대(大)와 지을 작(作)으로 지어 주신 거지. 내 성도 '보배 보(寶)에 흙 토(土)'잖아. 이 보물 흙은 '대변'으로 '만들어진다'는 의미를 담은 거야.

아, 자랑스러운 내 이름. 아주 멋지지 않니?

흠, 이름의 뜻이 '대변'이라니……. 이상하잖아! 나라면 정말 싫을 거야. 그런데 부스스 머리 선생님은 그 이름을 무척 자랑스럽게 여기시네. 정말 희한한 선생님이야.

"선생님, 그런데 지금은 똥으로 보물 흙을 만들지는 않잖아요?"

먹보 야마다가 질문했다.

그러자 부스스 머리 선생님은 집게손가락을 좌우로 흔들며 자신만만하게 말씀하셨다.

후훗. 정말 아무것도 모르는구나. 21세기의 새로운 똥 비료 시스템이란 게 있지. 내가 얼마 전에 도호쿠 지방에 있는 하수 처리장에 가서 들은 이야기가 있어. 화장실 변기의 물을 내리면 하수도를 통해 처리장에 도착해. 그곳에서 깨끗해진 물은 강이나 바다로 돌아가지.

하지만 이 처리장에는 아직 남아 있는 게 있어. 뭔지 알겠니?

"그런 건 생각해 본 적도 없는걸."

맨 뒤에 앉은 고바야시가 나지막이 중얼거렸다.

먹고 싸고 먹기

하수 처리장에서 물기를 빼고 남은 것을 '오물'이라고 불러. '질퍽질퍽해진' 똥 같은 거지. 일본에서는 대부분 소각로에 넣고 태워서 재로 만든 다음, 땅에 묻거나 콘크리트, 아스팔트 재료에 섞기도 해. 엄청난 에너지를 사용해서 날마다 똥을 태우고 있는 거지.

점심시간의 주제로는 적당하지 않지만, 아이들은 어느새 모두 부스스 머리 선생님의 이야기에 귀를 기울이고 있었다.

그런데 똥이 아깝잖아. 왜냐하면 똥은 농사에 꼭 필요한 질소나 인이라는 물질을 포함하고 있거든. 그래서 태우지 않고 흙으로 돌려보낼 방법은 없을까 생각했어. 그리고 커다란 발효 탱크에 오물을 넣어 고온 발효한 후, 왕겨를 섞어서 비료를 만드는 데 성공했단다. 이 비료를 '컴포스트'라고 불러.

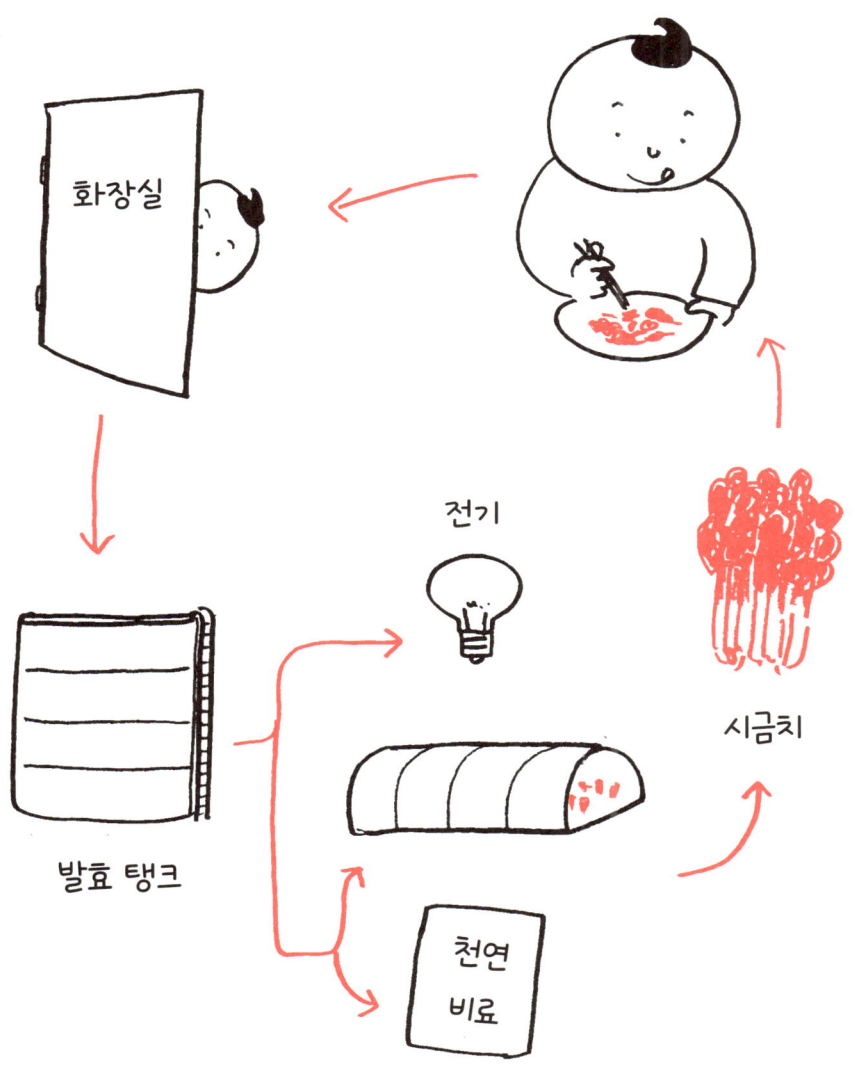

부스스 머리 선생님은 이 컴포스트를 이용해 채소를 가꾸거나 정화된 물로 돼지와 소가 먹는 사료용 쌀을 경작하는 실험이 진행되고 있다고 하셨다. 그리고 그 채소와 고기를 사람이 먹는 구조라고 설명하셨다.

 그뿐만이 아니야. 오물이 발효할 때 엄청난 열이 나오게 되는데, 이것을 전기로 바꿔서 전력 회사에 팔 수도 있어! 또 겨울에 눈이 많이 오는 지역에서는 그 열로 비닐하우스 안을 따뜻하게 해서 시금치 같은 채소를 키울 수 있지. 엄청나지 않아?
오늘 급식에 나온 시금치는 그렇게 키운 거란다!

와, 그런 일이 가능하구나. 버려진 것을 다시 이용하다니, 마치 발명 같아.
"이 시금치 옥수수 볶음 맛있다!"
야마다가 우걱우걱 먹으며 말했다.
나도 먹어 봐야지. 정말 맛있네.
오늘만큼은 부스스 머리 선생님의 똥 이야기가 정말 재미있었다.

똥그라미의 시원한! 설명

③ 발효와 미생물의 작용

우리 주변에는 수많은 미생물이 살고 있어.
그 중에서 '효모'라는 미생물은 과일과 채소의 당분을 먹고, 에탄올과 이산화탄소를 내뿜어. 이 작용을 '발효'라고 부르지.
바로 미생물의 똥이나 방귀 같은 거야.
그러니까 빵이나 낫토, 요구르트 같은 '발효 식품'은 미생물의 똥과 방귀를 이용해 만들어지는 거지. 누군가에게는 쓸모없는 것이라도 다른 사람에게 도움이 되는 경우가 많잖아?

사회 시간 역사 편

똥 수업 5

똥은 보물

무와 똥

똥이 흙, 농사와 관련이 있다니, 생각지도 못했다. 그리고 옛날에는 그게 당연한 방식이었다는 것 또한 놀라웠다.

아, 부스스 머리 선생님이 교실에 들어오신다……. 헉, 선생님이 무를 뒤집어쓰고 오셨다.

안녕! 얘들아, 오늘도 활기차게 잘 지내고 있지? 나는 무척 건강하단다. 똥도 잘 나오고 말이야~♪

이제는 이 이상한 인사법에 아무도 놀라지 않는다. 부스스 머리 선생님의 일상이라서.

 오늘 사회 시간에는 역사를 공부할 거야. 이제부터 에도 시대(일본 역사의 시대 구분 가운데 한 시기. 1603~1867년)의 농업에 대해 알아볼 건데, 먼저 퀴즈를 하나 낼게. 이게 뭐지?

"무요!" 모두 입을 모아 외쳤다.

 맞아, 정답이야. 그럼 이 그림을 볼까? 이건 에도 시대에 그려진 그림이야. 가운데에 있는 사람들은 뭘 하는 사람이고, 어디를 가는 중일까? 이게 두 번째 퀴즈야.

아이들의 시선이 모니터로 향했다. 거기에는 세 사람이 양쪽 끝에 나무통을 매단 긴 봉을 어깨에 짊어지고 있었다. 자세히 보니 나무통에는 무와 풀 같은 것이 들어 있었다.

아무도 손을 들지 않았다. 질문을 좋아하는 다나카도 고개를 갸웃거릴 뿐이었다. 그러자 부스스 머리 선생님이 설명을 시작했다.

 이 사람들은 마을로 향하고 있는 백성이야. 여기서 '백성'이란 '백 가지 일을 하는 사람'이라는 뜻이야. 대단하지? 내가 좋아하는 단어 중 하나이기도 해. 에도 시대에는 농업 외에

도 어업이나 수공업(손과 간단한 도구를 사용해 물건을 만드는 일), 자그마한 상업 등 다양한 일을 하면서 생계를 꾸려 나가는 사람이 많았어. 그래서 농민이 아니라 백성이라고 불렀지.

와! 여러 가지 일을 하면 재미있겠다. 그럼 백성은 마을에 무를 팔러 간 거예요?

모두 그림을 잘 봐. 이쪽 나무통은 텅 비어 있지? 그런데 무언가 팔러 가는 거라면 양쪽에 다 담는 게 좋지 않겠어? 이 백성들은 마을의 분뇨, 즉 똥과 오줌을 푸러 가는 중이야. 그리고 분뇨 대신 이 무랑 풀 같은 것을 전달해 주는 거지.

"헉, 그럼 똥을 눈 마을 주민들은 공짜로 무를 얻는 거예요? 엄청나게 이익이잖아요."
언제나 활기찬 다카하시가 말했다.

보석 같은 똥의 가치

좋은 지적이야. 에도 시대의 똥은 돈을 주고 사거나 다른 물건과 바꿔서 얻어야 할 정도로 가치가 있는 것이었어. 대도시가 된 에도에서 똥은 지금으로 말하자면 몇 억이 왔다 갔다 하는 엄청난 사업이었지.

몇 억이라니, 어마어마하다. 지금은 버려질 뿐인 똥이 예전에는 보물이라도 되었던 걸까?

 이 보물 같은 똥은 거름이라는 천연 비료가 되어 밭을 경작하는 데 큰 도움을 주었어. 에도 시대의 농업 교과서에는 농업을 위해 가장 중요한 것이 '퇴비'라고 적혀 있어. 이 퇴비가 '천지의 화육을 돕는다'라는 멋진 말과 함께 설명되어 있지.

조금 어렵지만, 천지(天地)라는 것은 밭을 포함한 이 세상 전체를 뜻해. 화육(化育)은 세상 모든 자연의 이치로 만물을 만들어 기른다는 뜻이고. 모든 생물은 먹지 않고는 살아갈 수 없고, 똥을 누지 않고도 살아갈 수는 없어. 그리고 똥은 세상의 균형을 바로잡아. 에도 시대 백성의 그림은 이런 대단한 메시지를 우리에게 알려 주고 있는 거야. 어때, 감동적이지?

나도 모르게 가슴이 뭉클했다. 옆을 보니 독서광 사토도 진지한 표정으로 선생님 말씀에 귀를 기울이고 있었다. 그런데 곧 야마다의 한 마디에 분위기가 확 깨지고 말았다.

"선생님, 머리에 쓴 그 무, 다 같이 먹으면 안 돼요?"

똥과 한자 연습

똥을 한자로 써 보자

하아! 오늘 국어 시간에는 한자를 배운다고 했다. 나는 한자를 외우는 게 싫고 어렵다. 부스스 머리 선생님 이름의 '큰 대(大)' 정도는 쓸 수 있지만 말이다.

좋아, 오늘은 한자를 공부해 보자. 먼저, 똥을 나타내는 한자를 생각나는 대로 말해 볼래?

우하핫! 역시 똥에 관한 이야기군. 한자 수업은 싫지만 똥이라면 재미있을지도 모르겠는걸……. 오늘은 똥에게 감사해야겠다고 생각한 순간, 뒤에 앉은 야마다가 외쳤다.

"똥이라면 역시 대!"

부스스 머리 선생님이 신나는 표정으로 '큰 대'자를 쓰는 동안 아이들이 잇따라 손을 들기 시작했다.

우아, 오늘은 모두 의욕이 넘쳐 좋구나. 이게 바로 똥의 힘이지. 우하하하!

부스스 머리 선생님은 아이들이 말한 한자를 칠판에 적어 나갔다. 칠판에는 '대(大)'와 '변(便)', 그리고 '분(糞)'이라는 한자가 쓰여 있었다. 똥을 나타내는 한자가 세 개나 있네? 역시 똥은 대단해.

똥을 나타내는 한자

자, 그럼 이 한자의 의미에 대해 한번 생각해 보자. 똥이라는 말은 '똥!' 하고 떨어지는 소리에서 유래했다는 설이 있어. 그렇다면 대단히 깊은 의미가 있는 것은 아니지. 하지만 한자의 경우에는 다양한 의미가 있단다.

"선생님, 대변의 대는 대변이랑 소변을 구분하기 위한 거지요?"

항상 조용하던 사토가 물었다.

 맞아, 사토가 말한 대로야. 그럼 '변'은 뭘까? 체육 시간에 했던 이야기의 복습이 되겠구나.

"몸이 보내는 편지, 메시지라는 의미였어요."
학급 임원인 다나카가 자신 있게 대답했다.

 오, 잘 기억하고 있구나. 그럼 마지막 '분'은 뭘까? 이건 조금 어려운데.

머리를 짜내 곰곰이 생각하다 보니 번뜩 떠오르는 게 있었다. '쌀(米)'이 몸을 통과해서 '다른(異)' 물질이 되니까 '분(糞)'이라는 한자가 생긴 게 아닐까?
흐음, 하지만……. 내가 자신이 없어서 머뭇거리고 있는데 부스스 머리 선생님이 설명을 해 주셨다.

 분은 양손에 쓰레받기를 들고 그 안에 들어 있는 거름(비료)을 밭에 뿌리는 모양을 한자로 나타낸 거야. 언뜻 보면 모르겠지만, 맨 처음에는 그렇게 만들어졌대.

"네? 말도 안 돼요!"

"에이, 진짜 그런 뜻인지 어떻게 알아요?"

갑자기 교실 안이 시끌벅적해졌다.

 그러니까 분은 밭에 뿌리는 '거름(비료)'이라는 뜻이야. 영어로는 '머뉴어(Manure)'라고 하는데, 이것 또한 '손으로 거름을 뿌린다'는 뜻이지. 어때, 우리말하고 비슷하지? 참고로 독일어로 거름은 '둥(Dung)'이라고 하는데, 우리말의 '분'과 같이 거름과 똥을 뜻해.

우아, 부스스 머리 선생님은 영어랑 독일어도 하실 줄 아는구나! 굉장한걸! 똥 '분'자에 그런 깊은 뜻이 담겨 있다니!

 작물을 키우는 데 분이 꼭 필요하다는 건 다들 알 거야. 그런데 이것은 우리나라뿐 아니라 세계 어디서든 마찬가지야. 역시 똥은 대단해. 아, 그리고 재미있는 한자가 또 하나 있어. 이건 평소에 잘 사용하지 않아서 모를 거야. 물론, 시험에는 안 낼 거니까 걱정 마.

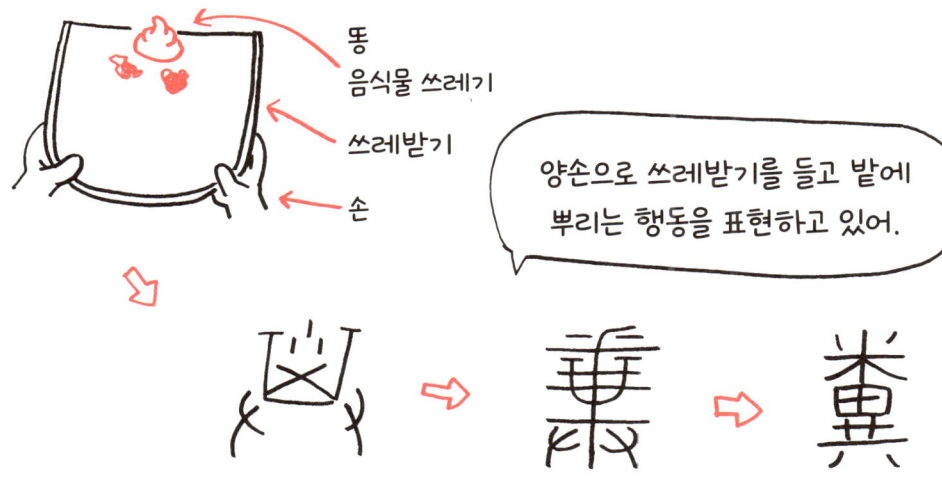

부스스 머리 선생님은 칠판에 '똥 시(屎)'라는 한자를 쓰셨다.

이건 '쌀의 시체'라는 뜻이야. 그러니까 쌀을 먹고 소화된 찌꺼기 같은 거지. 한자는 재미있는 뜻이 담긴 글자가 많아. 참, 너희는 밥보다 빵이나 파스타를 더 좋아하지? 요즘으로 치면 '밀의 시체'라는 풀이가 더 맞겠구나.

부스스 머리 선생님은 자신만만하게 말씀하셨다.

나는 원래 한자 시간을 싫어하는데 오늘은 나도 모르게 '대'자와 '변'자와 '분'자를 모두 외우게 됐다. 그리고 가장 어려운 '분(糞)'이라는 한자를 확실히 기억하게 됐다.

쉬 는 시 간

서바이벌 똥 클럽 결성

비밀 이야기

"안녕!"

옆자리 사토의 어깨를 살짝 두드리며 인사를 건네자 사토는 읽고 있던 책을 스윽 감추었다.

"뭐 읽어?"

사토는 잠시 머뭇거리더니 읽던 책을 꺼냈다.

《똥 도감》!

이런 책이 있구나. 항상 조용하던 사토가 요즘 들어 부스스 머리 선생님에게 열심히 질문하는 이유를 알았다. 분명 사토도 똥의 세계에 푹 빠져 버린 것이다. 신난다! 사실 나도 그렇다. 하지만 누구에게도 말하지 못했다. 부스스 머리 선생님 같다고 놀림당할 것 같았기 때문이다.

사토가 나를 보며 말했다.

"이 책, 도서관에서 발견했는데 처음 보는 내용들이라 너무 재미있어. 먹는 양의 두 배나 되는 똥을 누는 소의 비밀이라든지, 맛있는 커피를 만드는 데 필요한 사향고양이 똥이라든지, 세상에 있는 다양한 화장실 이야기가 담겨 있어. 사실 빌리는 데 용기가 조금 필요했지만, 부스스 머리 선생님 이야기를 듣다 보니 창피하다는 생각은 사라지고 호기심이 생기지 뭐야. 요즘 여러 가지 일들이 재미있게 느껴지기 시작했어. 비웃을지도 모르겠지만, 부스스 머리 선생님이 똥 이야기를 하시는 거 보면서 뭔가 좋아하는 일에 푹 빠진다는 건 아주 즐거운 일이라는 생각도 들고 말이야."

헉, 나만 그런 생각을 한 게 아니었구나! 마치 비밀 친구가 생긴 기분이다. 부스스 머리 선생님께는 죄송하지만 똥 이야기가 재미있다고 당당히 말하기가 아직은 좀 그렇다. 하지만 사토한테는 솔직하게 털어놓아야지.

"사실은 말이야, 나도 그렇게 생각했어. 똥이 좋아졌다고 해야하나? 다른 아이들이 알면 비웃을 것 같기는 하지만……. 어떤 주제든 똥 이야기를 연결해 끄집어내는 부스스 머리 선생님은 다른 어른들이랑 다르다고 해야 하나? 즐거워 보이고 멋져!"

똥 클럽을 만들자

내 말을 듣고 나서 불안해 보이던 사토 얼굴이 확 밝아졌다. 그 미소를 보자 나도 모르게 이런 말이 튀어나왔다.

"그럼 우리, 클럽 같은 거 만들어 볼래? 선생님이 4학년은 다음 주부터 클럽 활동이 시작된다고 그러셨잖아. 새로운 클럽을 만들어도 된다고 하셨고."
"헉, 그러니까 똥 클럽을 만들자는 거야?"
"그렇지, 똥 클럽을 만들어 보자."

나는 벌써부터 신나기 시작했다. 우리가 새로운 클럽을 만들다니. 게다가 똥 클럽을! 그때 뒷자리의 야마다가 불쑥 끼어들었다.

"나도 끼워 줘. 똥은 먹는 거랑 상관 있잖아. 나, 먹는 거 좋아하니까 도움이 될지도 모르고."

좋아, 정해졌다. 이렇게 우리끼리 '똥 클럽'을 만들기로 했다. 이름은 좀 멋지게 짓고 싶은데.

"서바이벌 똥 클럽, 어때?"

언제나 활기찬 다카하시가 칠판에 클럽 이름을 적고 씨익 웃었다. 오오, 멋있다. 그러고 보니 다들 부스스 머리 선생님의 이야기를 좋아했구나. 재미난 발견이다.

 클럽에 대한 이야기가 마무리될 즈음, 부스스 머리 선생님이 평상시보다 더욱 부스스한 머리를 휘날리며 교실로 들어오셨다.

 "후아암~, 아직도 졸리네. 오늘 늦잠 자는 바람에 머리 정돈을 못 하고 왔어. 하지만 똥은 제대로 누고 왔지!"

 헉, 정돈한 머리가 그 정도였구나!
 기가 막히다는 표정으로 선생님을 바라보는 아이들과 함께 오늘도 어김없이 우리의 하루가 시작되었다.

사회시간 지리 편

똥 수업 **7**

하늘을 나는 화장실 이야기

아프리카의 화장실 문제

날씨가 추워졌다. 겨울이 되면 학교 화장실에 가기 싫어진다. 왜냐하면 변기가 너무 차갑기 때문이다. 뭔가 좋은 방법이 없을까?

 오늘은 나랑 아주 친한 친구 이야기를 들려줄게. 그 친구는 지금 아프리카에서 새로운 화장실을 개발해 널리 보급하고 있어. 어제 받은 이메일 내용을 너희와 공유하고 싶어서 가져와 봤지.

아프리카라. 물론 가 본 적은 없다. 사자나 기린이 있는 사파리 초원 장면밖에는 떠오르는 게 없다.

부스스 머리 선생님은 어떤 이야기를 해 주시려는 걸까?

 너희 모두 집이나 학교에는 화장실이 있잖아. 그런데 만약 화장실이 없으면 어떨 것 같니?

이전에 물고기에게 똥을 주는 섬 이야기를 듣기는 했지만 화장실이 없는 생활은 도무지 상상이 가지 않는다. 부스스 머리 선생님은 평소와 달리 진지한 표정으로 이야기를 계속하셨다.

 유니세프라는 유엔의 기관에서 전 세계 국가를 대상으로 조사를 했어. 그런데 우리나라처럼 집이나 학교에 화장실이 있고, 똥을 다른 장소로 옮겨서 처리하는 시설이 갖추어진 나라가 전 세계의 54퍼센트 정도밖에 안 된대. 집에 화장실이 없어서 똥이나 오줌을 밖에서 누는 사람들이 지구상에 약 5억 명이나 있다는구나.

"헉! 밖에서 누다니, 그게 무슨 말이에요? 밖에 화장실이 있는 게 아니라요?"

언제나 밝은 다카하시의 표정이 어두워졌다. 아이들이 웅성거리기 시작했다.

안전한 물과 화장실을 세계로

우선, 물은 세계 어디에나 충분히 있는 게 아니야. 물을 얻기 위해 고생해야 하는 지역도 있지. 이 세상 사람 열 명 중 한 명이 먹을 물을 구하지 못해서 어려움을 겪고 있어. SDGs라는 말, 들어 본 적은 있겠지? 이건 바로 '지속 가능 발전 목표'라는 뜻이야. 그 17개의 목표 중 하나가 '깨끗한 물과 위생'이라는 항목이지.

처음 듣는 이야기다. 물은 세상 어디에나 있는 줄 알았는데.

그래서 내 친구는 화장실을 만드는 회사에 들어가서 그 기술을 화장실이 없는 나라에 보급하기로 결심했대. 그 계기가 바로 '하늘을 나는 화장실'이었어.

하늘을 나는 화장실? 반 친구들 모두 어리둥절한 표정을 지었다. 그러자 사토가 질문했다.

"선생님, 하늘을 나는 화장실이라면, 비행기의 화장실을 말씀하시는 건가요?"

그래, 상상하기 어렵지? 이건 아프리카의 케냐, 특히 슬럼이라고 불리는 빈민가에 살고 있는 사람들 이야기야. 그곳에는 집 안에 화장실이 없어서 비닐봉지에 똥을 담아 창밖으로 휙 던진대. 그걸 플라잉 토일렛, 즉 '하늘을 나는 화장실'이라고 불러.

"으, 더러워요! 그러면 안 되잖아요."
여자아이들이 떠들기 시작했다.

대체 그렇게 하는 이유가 뭘까? 슬럼가에는 마을 구석에 공동 화장실이 있어. 하지만 밤중에는 그곳에 가는 것이 무척 위험해. 범죄가 자주 일어나기도 하거든. 그래서 특히 여성들은 마을 구석에 있는 화장실에 가지 않고 집 안에서 해결할 수밖에 없지. 이건 사회적으로 아주 큰 문제이기도 해. 그래서 너희에게도 알려 주고 싶었어. 화장실이 어디에 있고, 어디에서 똥을 누는지에 대한 문제는 사회적·세계적 문제로도 이어진단다.

교실이 순식간에 조용해졌다. 시끄럽게 떠들던 여자아이들은 금방이라도 울 것 같은 표정이었다.

이건 아프리카만의 문제가 아니야. 세상에는 화장실과 똥과 관련된 다양한 문제가 있어. 재미있는 이야기도 있지만, 오늘같이 심각한 이야기도 있지. 앞으로도 화장실이나 똥에 대해 알아가면서 함께 이야기하고 생각을 나누어 보자.

쉬는 시간에 나는 학교 화장실의 차가운 변기 위에 앉았다.
똥이 마려울 때 화장실에서 편하게 눌 수 있다는 것은 사실 엄청나게 행복한 일이다. 그 생각을 하니 변기가 차가운 것쯤은 아무것도 아니었다.

똥그라미의 시원한! 설명

 ④ SDGs란 뭘까?

2015년 유엔(UN, 국제연합)에서 정한 'Sustainable Development Goals'를 뜻해. '지속 가능 발전 목표'라고 풀이할 수 있지.

인간과 생명체가 지구에서 함께 살아가려면 어떻게 해야 할까? 전 세계 사람들이 지구의 미래에 대해 생각하면서 이에 대한 답을 17가지 목표로 정해 놓았어. '깨끗한 물과 위생'이라는 똥, 화장실과 관련된 목표도 있지.

17가지 목표

① 빈곤 퇴치
② 기아(굶주림) 종식
③ 건강과 웰빙
④ 질 높은 교육
⑤ 성 평등
⑥ 깨끗한 물과 위생
⑦ 모두를 위한 깨끗한 에너지
⑧ 좋은 일자리와 경제 성장
⑨ 산업, 혁신, 사회 기반 시설
⑩ 불평등 해소
⑪ 지속 가능한 도시와 공동체
⑫ 지속 가능한 생산과 소비
⑬ 기후 변화 대응
⑭ 해양 생태계 보전
⑮ 육상 생태계 보전
⑯ 정의, 평화, 효과적인 제도
⑰ 지구촌 협력

과 학 시 간

똥 수업

똥을 먹고 살아간다?

새로운 화장실이 궁금해

부스스 머리 선생님의 친구가 개발했다는 '새로운 화장실'이란 대체 어떤 것일까?

쉬는 시간에 질문하러 선생님을 찾아간 건 나뿐만이 아니었다. 부스스 머리 선생님은 반 친구들에게 둘러싸여 질문 공세를 받고 있었다. 그래서 다음 과학 시간에 더 자세히 알려 주시기로 했다.

너희, '호기심'이 정말 굉장하구나. 오늘 과학 시간에는 조금 전 사회 시간에 하던 이야기를 마저 하도록 하자. 과학과 사회는 다른 과목이지만 세상일이 과목에 따라 딱딱 나뉘는 건 아니니까. 한 가지 문제를 여러 과목의 시점에서 바라보는 것도 사실 무척 중요한 일이야. 기억해 두라고. 시험에는 안 낼 거지만 말이야.

　　네네, 알고 있어요. 부스스 머리 선생님! 그런데 오늘은 뭔가 심각한 이야기를 하실 것 같은데…….
　　우리는 오늘도 부스스 머리 선생님의 페이스에 휘말리고 있었다.

　　과학에서는 봄, 여름, 가을, 겨울 계절에 따른 식물의 변화를 관찰하잖아? 그러면 계절과 상관없이 식물이 항상 하는 일은 뭘까?

"밥 먹기! 식물도 틀림없이 밥을 먹을 거예요."
먹보 야마다다운 대답이다.

　　맞아. 그럼 식물은 어떤 밥을 먹는지 아는 사람?

"햇빛과 물, 그리고 이산화탄소입니다."
책벌레 사토가 대답했다. 역시 뭐든지 잘 안단 말이지.

　　그래, 이건 6학년 때 배울 내용이니까 아직 이르기는 하지만, 그 다음에는?

조용. 교실 안 아이들은 하나같이 모르겠다는 표정이었다.

바이오 화장실의 발명

 그래, 이건 조금 어려운 이야기라서 듣기만 해도 좋아. 시험에는 안 낼 거니까 걱정 마!

식물은 흙 속의 양분을 밥처럼 먹는단다. 이 밥을 요리해 주는 건 '미생물'이라는, 우리 눈으로는 볼 수 없는 아주 작은 생물이야. 미생물은 흙 속에서 낙엽이나 마른 풀, 동물의 사체 등을 먹고 똥을 누지. 그 똥은 식물이 흡수할 수 있는 크기까지 분해되어서 식물의 뿌리가 흡수하는 양분이 된단다. 식물에게는 밥 같은 존재지.

그리고 식물은 흙 속의 양분과 햇빛, 이산화탄소와 물을 먹고 산소를 배출하는 거야. 즉, 산소는 식물의 똥이지. 우리는 그걸 마시고 살아가고 있는 거고.

으악, 어려워! 정리하자면 우리는 모두 누군가의 똥을 먹고 산다는 이야기인가?

바이오 화장실

미생물

섞는다

톱밥

자자, 그러면 아프리카 화장실 이야기로 돌아가 보자. 내 친구는 물이 없는 케냐의 슬럼가에서도 안심하고 똥을 눌 수 있고 그것을 흙으로 돌려보낼 수 있는 장치를 만들었어. 바로 '바이오 화장실'이라는 거지. 똥을 담아 두는 탱크에 톱밥을 섞어서 미생물들이 활동할 수 있게 만들어 놓은 거야. 미생물이 똥을 분해해서 식물의 밥을 만들 수 있도록 한 거지. 지금은 이 바이오 화장실을 널리 알리기 위해 전 세계를 돌아다니고 있어. 화장실과 똥과 흙으로 세상을 바꾸기 위해 고군분투 중이지.

그때 사토가 손을 들고 말했다.
"선생님, 저 여름 방학에 가족끼리 등산 갔을 때 그거랑 비슷한 화장실을 쓴 적이 있어요."

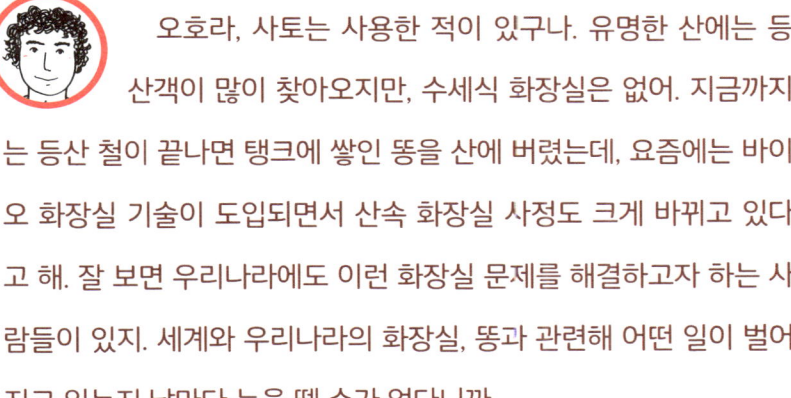

오호라, 사토는 사용한 적이 있구나. 유명한 산에는 등산객이 많이 찾아오지만, 수세식 화장실은 없어. 지금까지는 등산 철이 끝나면 탱크에 쌓인 똥을 산에 버렸는데, 요즘에는 바이오 화장실 기술이 도입되면서 산속 화장실 사정도 크게 바뀌고 있다고 해. 잘 보면 우리나라에도 이런 화장실 문제를 해결하고자 하는 사람들이 있지. 세계와 우리나라의 화장실, 똥과 관련해 어떤 일이 벌어지고 있는지 날마다 눈을 뗄 수가 없다니까.

미생물이라……. 우리가 눈에 보이지 않는 아주 작은 생물의 도움으로 살아가고 있다니, 참 재미있다. 작은 생물들이 활약하고 있는 또 하나의 세계가 인간 세계를 받쳐 주고 있는 느낌이랄까?

숨겨진 똥

변비가 뭐야?

어제부터 누나가 "변비, 변비!" 하면서 호들갑을 떨었다.

"변비 걸리면 어떤 느낌인데?"

궁금해서 누나한테 물어봤다가 무시당했다. 중학생은 정말이지 까탈스럽다니까.

오늘 부스스 머리 선생님은 평소보다 조용히 교실 문을 열고는 "들어오세요."라며 사쿠라바 양호 선생님을 모셔왔다. 나와 옆자리 사토, 뒷자리 야마다도 놀라서 '헉' 소리를 냈다.

 모두 안녕? 오늘 첫 시간은 사쿠라바 선생님의 이야기를 들어 볼 거예요.

사쿠라바 선생님, 잘 부탁드립니다!

부스스 머리 선생님의 말투, 평소랑 뭔가 다른걸!

안녕? 여러분, 잘 부탁해요. 오늘은 초등학생의 변비에 관해 알아보기로 해요.

사쿠라바 선생님은 칠판에 '변비(便秘)'라고 크게 쓰셨다.
변비는 똥 변(便)자에 숨길 비(秘)자를 쓰는구나. 그럼 '숨겨진 똥'이라는 건가……?

변비라는 것은 몸 밖으로 나와야 할 똥이 좀처럼 나오지 않아 배변이 어려운 상태를 뜻해요. 여러분은 오늘 건강한 똥을 누었나요?

오, 사쿠라바 선생님의 똥 이야기다. 하지만 변비라니, 초등학생인 우리하고도 관계가 있는 걸까?

초등학생의 변비와 건강한 똥

 지금, 나랑은 상관없는 이야기라고 생각한 사람 있지요? 하지만 초등학생인 여러분이 꼭 알아 두어야 할 사실이 있어요. 아주 최근에 일본 화장실 연구소라는 단체에서 1만 6,000명 이상의 초등학생을 대상으로 1주일간 똥에 대한 설문 조사를 했어요. 그 결과에 따르면 매일 배변을 했다, 즉 똥을 누었다고 대답한 학생은 36%, 그러니까 다섯 명에 두 명꼴이었지요. 0~2일에 한 번이라고 대답한 학생은 8%, 그러니까 약 열 명 중 한 명이었고요. 이건 변비를 겪고 있는 학생이 무척 많다는 이야기예요.

헉, 1주일에 한 번도 똥을 누지 않는 사람이 그렇게 많다고!? 내가 똥을 얼마나 자주 누는지 세어 본 적도 없지만 남이 얼마나 자주 누는지는 생각조차 해 본 적이 없다.

 횟수뿐만이 아니에요. 여러분은 자신의 똥 상태를 관찰하고 있나요?

똥의 상태를 관찰한다고? 교실 안이 웅성웅성 소란스러워지기 시작했다.

사쿠라바 선생님은 칠판에 7가지 문장을 적으셨다.

① 염소똥처럼 동글동글하다   ② 울퉁불퉁 딱딱하다
③ 갈라져 있다   ④ 부드러운 바나나 같다
⑤ 물렁물렁하다   ⑥ 진흙 같다   ⑦ 물 같다

이건 '브리스톨 대변 척도'라고 부르는 거예요. ④번이 가장 좋은 똥의 상태지요. 변비가 있을 때는 ①번이나 ②번이 되기 쉬운데, 딱딱한 똥은 나오기 힘들어서 배변할 때 괴로워요. 1주일 동안 ①번이나 ②번 똥이 두 번 이상 나온 초등학생은 약 15% 정도였어요. 4학년 2반은 모두 서른 명이니까 이 중에 다섯 명 정도 되겠네요. 하지만 학년이 올라갈수록 변비가 해소된다는 결과도 있으니 너무 걱정하지 않아도 된답니다.

브리스톨 대변 척도, 부스스 머리 선생님이 체육 시간에 알려 주신 거다.

사쿠라바 선생님은 잠시 숨을 고르시고는 교실을 둘러보며 또 한 가지 중요한 이야기를 덧붙이셨다.

 어린이들은 사실 변비인데도 그걸 깨닫지 못해서 다른 사람에게 상의하지 못하고 혼자 고민하는 경우가 많아요. 그래서 배변이 힘들어지니까 똥을 누는 것도 싫어지는 거죠. 그러면 변비는 더욱 심해질 수 있어요. 그러니 무언가 불편하게 느껴지면 선생님한테 상담하러 오세요.

그러자 부스스 머리 선생님이 칠판에 커다란 종이를 붙이셨다.

건강한 똥을 누는 비결
1. 규칙적인 식사 (알맞은 수분, 유분 섭취)
2. 적당한 운동
3. 똥 누기를 즐기기

그렇구나. 누나는 요즘 다이어트를 한다고 밥을 안 먹을 때가 있었어. 집에 가서 변비 해결책을 알려 줘야겠다. 내 말에 콧방귀를 뀌며 무시하겠지만 그래도 중요한 이야기니까 꼭 들려줘야지.

똥그라미의 시원한! 설명

 ⑤ 똥에 대한 고민이 생기면?

똥에 대한 고민이나 궁금한 점이 생기면 전문 기관(단체)에서 정보를 알아보자. 어린이부터 어른까지 올바른 지식을 재미있게 배울 수 있어.

● **일본 화장실 연구소**
화장실을 통해 사회를 더 나은 방향으로 바꿔 나가기 위해 활동하는 NPO(비영리 단체)야. 화장실부터 환경, 문화, 건강과 관련된 다양한 정보를 제공하고 있어. 어린이 배변 상담실 등 초등학생에게도 도움이 되는 활동을 하고 있지. 홈페이지에서 《시원한 똥 BOOK》 등을 내려받을 수 있어.
홈페이지: https://toilet.or.jp/

● **일본 똥 학회**
'대장 건강도'를 올리고, "선생님, 똥 누러 갔다 올게요!"라고 자연스럽게 말할 수 있는 사회를 만들기 위해 활동하는 단체야. 즐겁게 놀면서 대장 질병에 관해 배울 수 있는 스마트폰 게임 '똥이야(うんコレ)' 개발, 감수에도 참여하고 있지. 회장을 맡고 있는 의사 이시이 요스케는 10대 시절에 '궤양성 대장염'이라는 똥과 관련된 큰 병에 걸린 경험이 있대.
홈페이지: https://unkohakkai.jp/

● **한국 화장실협회**
공중화장실 등에 관한 법률에 의거 설립된 대한민국 행정자치부 산하 비영리 특수법인으로 기획재정부가 지정한 법정기부금 단체야. 쾌적한 화장실 문화개선으로 국민의 안전, 보건, 위생 향상을 통한 생활안정에 도움을 주며, 화장실 관련 산업을 발전시켜 국가와 사회 발전에 기여함을 목적으로 하고 있어.
홈페이지: www.toilet.or.kr/

수학 시간
똥 수업 10

똥이 만들어지는 데 걸리는 시간 재기

음식이 여행하는 시간

"있지, 아까 우리가 먹은 급식 말이야. 시간이 얼마나 지나야 똥이 되는 걸까?"

먹보 야마다가 급식 카트를 끌면서 물었다.

하긴, 지금은 음식이 위 속에 있겠지. 그런데 그 후에 어떻게, 얼마나 시간이 지나야 똥이 되는 걸까……? 그런 생각을 하고 있었는데, 우리 이야기를 들은 부스스 머리 선생님이 교탁 앞으로 나오며 외쳤다.

"야마다! 굿 아이디어야. 고마워!"

아, 오늘도 부스스 머리 선생님이 불타오르기 시작하셨다.

얘들아, 오늘 급식도 맛있었지? 음식이 지금 막 너희의 몸속을 여행하기 시작했는데, 어떤 여행을 얼마나 하게 될까? 오늘은 아침밥을 예로 들어 그걸 계산해 볼 거야.

부스스 머리 선생님은 칠판에 시간을 적기 시작하셨다.

- 7시　　　　아침 식사　　　　　　위 속
- 8시 반~11시　학교에서 공부　　　　위 속
- 11시~18시　학교에서 공부, 방과 후　소장(작은창자)에서 영양을 흡수
- 18시~6시　집에 돌아가서 씻고 자기　대장(큰창자)에서 수분을 흡수
- 7시　　　　아침 식사　　　　　　항문 근처에 모인 똥이 나온다

아침밥의 여행 과정을 적어 봤어. 그럼 첫 번째 문제. 아침밥이 위 속에 머무르는 시간은 몇 시간일까?

항상 활기찬 다카하시가 "저요, 저요!" 하며 손을 들었다.

"7시~11시까지니까 4시간이요."

 오, 빨리 알아맞혔네. 정답이야. 자, 그럼 그다음에 음식은 어디로 가서 얼마나 시간을 보내지?

음식이 여행을 한다고 생각하니 재미있다. 인체 탐험 같다는 생각을 하고 있는데, 부스스 머리 선생님이 나를 가리켰다. 앗, 딴생각을 하면 꼭 지목 받는다니까!

"음, 소장에서 7시간을 보내요."

똥으로 변신하기까지의 시간

맞아, 소장에는 오랫동안 머무르지. 그동안 우리의 몸은 영양분을 흡수하는 거야. 그리고 대장에는 12시간이나 머물러. 대장에서는 수분을 흡수하는데, 이제 거의 똥이 되어 가고 있어. 자, 그럼 다음 날 아침 7시에 똥이 되어 나온다고 하면, 아침밥은 몇 시간이나 걸려서 똥이 되는 걸까?

"24시간이요. 꼬박 하루가 걸리네요."
다나카가 야무지게 대답했다.

맞아! 그래서 규칙적으로 식사를 하면 똥은 항상 비슷한 시간에 나오게 되어 있어. 그리고 몸 상태나 먹는 시간, 양에 따라서 똥이 되는 시간이 바뀔 수 있다는 것도 기억해 두렴. 하지만 시험에는 안 낼 거야.

마지막으로 수학 문제를 하나 더 낼게. 입에서 항문까지, 음식은 24시간 동안 여행을 한다는 걸 이제 알았을 거야. 그런데 이 여행의 총 거리도 계산할 수 있단다. 입에서 항문까지의 길이는 자기 키의 6배 정도로 알려져 있어. 자, 그럼 각자 자신의 입에서 항문까지의 길이를 계산해 보는 것을 끝으로 수학 수업을 마치자.

우아, 그런 계산법은 누가 발명한 걸까? 대단하다!

그럼 나는 키가 140센티미터니까 140×6=840센티미터! 우아! 8미터도 넘는다고? 처음 알았다. 그렇게 긴 장기(소화관)가 내 뱃속에 들어 있다니, 엄청난걸!

몰랐던 것이나 궁금한 것을 계산해 보는 건 참 재미있다.

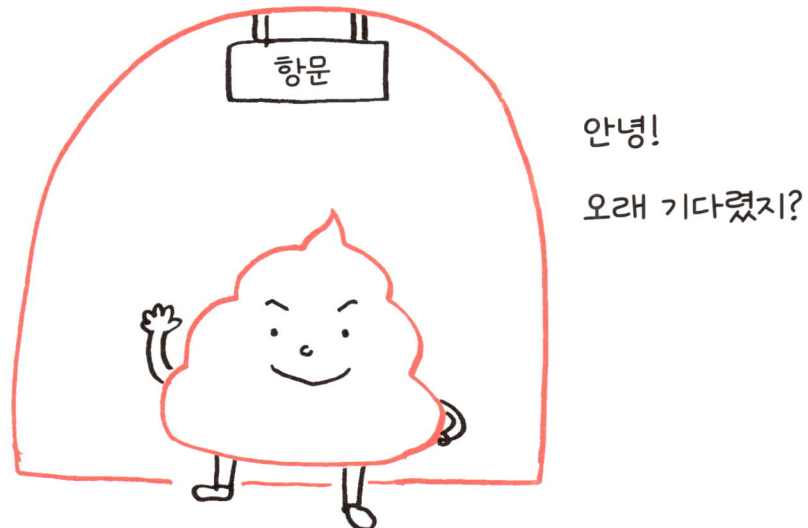

사회 시간 지리 편

똥 수업 11

정차 중에는 똥을 누면 안 돼요!

기차 안 화장실

학급 임원 다나카는 탈것을 아주 좋아한다. 특히 기차에 대해서는 모르는 게 없는데, 차량의 종류라든지 최신 기술에 대해 잘 알고 있다. 그런 다나카가 최근 기차 안의 화장실에 호기심이 생겨 서바이벌 똥 클럽에 들어오게 되었다.

쉬는 시간에 다나카가 내 자리로 와서(옆자리에는 사토, 뒤에는 야마다, 대각선에는 다카하시가 있어서 내 자리는 서바이벌 똥 클럽의 모임 장소가 되었다) 말했다.

"있잖아, 기차 안에 있는 화장실은 어떤 구조일까? 고속철도(KTX, 신칸센, 테제베) 화장실 변기는 '슈욱~!' 하면서 엄청난 힘으로 물을 빨아들이잖아. 대체 어떻게 만들어진 걸까? 똥은 어디로 가는 거지? 부스스 머리 선생님이라면 아실까?"

그래서 우리는 부스스 머리 선생님에게 기차 안 화장실에 대해 물어보았다.

흐음, 기차 화장실 말이지. 좋아, 너희가 들으면 깜짝 놀랄 만한 이야기를 해 주지. 지리 시간이니까 유럽 여행 이야기가 좋겠군.

부스스 머리 선생님은 턱수염도 없는데 턱수염을 만지는 듯한 손동작을 하면서 연극 배우처럼 말씀하셨다.

야호! 오늘 사회 시간에도 여행과 똥 이야기를 들을 수 있다.

나는 대학생 시절에 백팩을 메고 독일, 프랑스, 스위스, 이탈리아를 여행했어. 아, 백팩은 커다란 배낭을 뜻해. 백팩에 짐을 잔뜩 담아 지고 여행하는 사람들을 '백패커'라고 하지.

"여행 중에는 화장실 가기 힘들 것 같아요. 집에 있는 화장실이랑 다르니까 긴장되잖아요."

언제나 활기찬 다카하시의 말에 주변 친구들도 동의한다는 듯 고개를 끄덕였다.

선로 위의 똥

앗, 그렇구나. 나는 그게 기대되는 부분인데 말이야. 외국 여행을 하다 보면, 그 지역 문화가 우리와는 전혀 다른 것들이 많잖아. 그게 바로 내가 흥미를 느끼는 부분이야. 화장실도 그렇고 샤워실도 그렇고. 그 중에서 가장 신기했던 건 유럽의 기차 화장실이었어.

"어땠어요, 선생님? 어땠는데요?"
기차 전문가 다나카가 몸을 앞으로 내밀며 관심을 보였다.

친한 친구와 둘이서 무제한 승차권을 끊어서 기차에 탔을 때의 일이야. 기차 안의 화장실에 갔더니 변기 밑이 뻥 뚫려서 선로가 훤히 보이더라고.

헉, 뭐라고!? 선로가 보인다고???
다나카의 눈이 똥그래졌다.

그러니까 똥이 선로에 바로 떨어지는 거지. 나도 그걸

보고 정말 놀랐지 뭐야. 너무 재미있어서 친구한테도 "화장실 좀 다녀와 봐." 하고 권했다니까.

오, 다들 놀란 모양이구나. 그래, 그래. 하지만 아직 놀라기는 일러. 사실 우리나라 기차도 얼마 전까지는 그런 구조였거든. 할아버지 할머니한테 물어보면 알고 계실지도 몰라.

"진짜로요?"
평소 침착한 성격인 다나카도 충격에 휩싸인 듯했다.

그래, 우리 아버지가 "그러고 보니 '정차 중에는 똥을 누면 안 됩니다'라고 씌어 있었지."라고 알려 주셨어. 밑바닥이 개방돼 선로 위에 떨어져 흩어지는 방식의 화장실을 '비산식'이라고 하는데, 지금으로부터 약 50년 전까지는 으레 써 오던 방식이었어. 완전히 없어진 건 21세기에 들어선 다음일 거야. 그러니까 꽤 최근까지 있었던 셈이지.

"선생님, 지금 사용되고 있는 그 '슈욱' 하면서 빨려 들어가는 건 뭐라고 해요?"
다나카가 겨우 진정이 된 듯 물었다.

슈욱 하면서 빨려 들어가는 건 '진공식'이라고 해. 선로에 떨어뜨리지 않고 똥이나 오줌을 탱크로 빨아들이는 구조지. 탱크에 쌓인 똥오줌은 차량 기지에서 수거해 하수 처리장으로 옮겨져. 진공식은 강하게 빨아들여서 탱크에 모아 두니까 똥을 흘려보내는 물이 적어도 되지. 그래서 비행기 같은 다양한 교통수단에 쓰이고 있어. 이 부분은 아마 다나카가 더 잘 알 테니 다음에 알려 달라고 하자.

불과 얼마 전까지만 해도 '비산식' 화장실이 쓰였다니, 엄청나게 놀랐다. 선로 가까이에 사는 사람들은 괜찮았을까? 그래, 다나카를 대장으로 삼아서 교통수단 화장실 조사단을 꾸려도 좋겠어.

응? 뭔가 떨어져 있는데.

건국 신화에 빠지지 않는 똥 이야기

건국 신화와 똥

국어 시간에는 한자 외에 똥과 관련된 이야기가 나올 일이 없을 거라고 생각한 내 예상은 빗나갔다. 부스스 머리 선생님은 책을 한 권 들고 오셨다.

 얘들아, 일본에서 가장 오래된 역사책이 뭔지 아니?

"학원에서 배웠는데. <고지키(古事記)> 맞죠, 선생님?"
다카하시가 대답했다. 부스스 머리 선생님은 얼굴 가득 미소를 머금고 고개를 크게 끄덕였다.

 잘 알고 있구나. 그래, <고지키>야. 8세기에 쓰였다고 하니까 지금으로부터 1,300년 전 책이지. 그럼 다음 질문. <고지키>에는 어떤 이야기가 쓰여 있는지 아는 사람?

교실은 다시 조용해졌다. 그것보다, 그렇게 오래된 책을 우리가 읽을 수는 있는 건가?

 <고지키>를 읽어 보면 의외로 재미있단다. 신들의 세계에는 놀랍도록 인간다운 신들이 있거든.

"선생님, 똥은 등장하지 않겠지요?"
학급 임원 다나카가 부스스 머리 선생님에게 도전적으로 물었다. 그러자 부스스 머리 선생님은 씩 웃고는 말씀하셨다.

후후후, 그렇게 생각했겠지. 하지만 일본의 건국 신화는 똥 이야기부터 시작해. 바다에 일본 국토를 만든 건 이자나기, 이자나미라는 부부 신인데, 이자나미가 죽음을 맞이하려고 할 때 오줌에서 물의 신 미즈하노메와 음식의 신 와쿠무스비가 태어났고, 똥에서는 흙과 토기의 신 하니야스비코와 하니야스비메가 태어나지. 그리고 이자나기는 스사노오와 아마테라스라는 신을 낳는단다.

우아, 이름이 엄청 어렵다. 게다가 오줌과 똥에서 신이 태어나다니, 대체 무슨 말이야?

장난꾸러기 신, 스사노오

 고대 사람들은 현대를 사는 우리와는 다른 관점에서 똥을 바라본 것일지도 몰라. 건국 신화에 똥이 중요한 존재로 등장하는 걸 보면 말이야. 다들 어떻게 생각해?

"먹는 것과 내보내는 것은 서로 연결되어 있다는 느낌이에요. 이건 에도 시대의 거름 이야기와도 비슷해요."

서바이벌 똥 클럽의 회장(으로 어제 정해졌다)인 사토가 차근차근 설명했다. 역시 회장은 다르군!

 그러네. 먹는 것과 내보내는 건 서로 깊은 연관이 있고, 모든 사람에게 해당되는 거니까. 그걸 고대 사람들도 알고 있었을지도 몰라. 이것과 관련된 재미있는 이야기가 있어. 어느 날, 스사노오라는 남자 신은 누나인 아마테라스와 싸워서 이기자 너무 기뻐

하니야스비메　　　　　　　하니야스비코

서 논두렁과 공물을 바치는 신성한 장소에 똥을 누고 다녔다고 해.

"으아, 그거 참 골칫거리 남동생이네."
남동생이 있는 다카하시가 중얼거렸다.

 그런데 누나 아마테라스는 '그것은 분명 좋은 논두렁을 만들기 위해서 한 일'이라면서 스사노오를 감쌌다고 해. 좋은 논두렁을 만들기 위해서는 똥이 중요하다는 거지. 이것 또한 에

도 시대의 거름 이야기와 이어지잖아. 건국은 흙 만들기부터 시작되고, 흙 만들기는 똥이 중요하다는 메시지 같지 않니? 다음 이야기는 각자의 상상에 맡기도록 할게. 학급 문고에 초등학생도 이해하기 쉽게 쓰여 있는 <고지키> 책을 꽂아 놨거든.

　국어 시간에 똥 이야기를 할 수 있다는 것도 놀랍지만, 건국 신화에 똥이 이렇게나 많이 등장한다는 것도 충격적이었다. 고대 사람들은 세상을 바라보는 눈이 우리와 달랐던 걸까? 그런데 스사노오는 어딘가 부스스 머리 선생님과 비슷한 점이 있는 것 같다. 장난꾸러기 같은 점이 말이다.

사회 시간 역사 편

밤의 흙과 밤 사람

밤의 흙

"있잖아, 저번에 부스스 머리 선생님이 알려 준 똥으로 천연 비료 만드는 이야기 말이야. 그건 일본만의 이야기일까? 서바이벌 똥 클럽에서 알아봐 주지 않을래?"

어머니가 영국인이고 아버지가 일본인인 고바야시가 우리에게 말했다. 그래서 일단 부스스 머리 선생님께 여쭤보았더니 다음 사회 시간에 힌트를 주겠다고 하셨다.

교실에 들어온 부스스 머리 선생님은 칠판에 이렇게 쓰셨다.

· night soil
· night man

밤? 영어로 나이트(night)는 '밤'인데…….

 좋아! 오늘은 너희 요청에 따라 똥으로 천연 비료를 만드는 역사 해외 편을 소개할게. 칠판에 써 놓은 영어, 어떤 의미인지 아는 사람?

"night는 밤, soil은 흙, man은 사람이에요. 그러니까 밤의 흙과 밤 사람 아닌가요?"

고바야시가 대답했다.

박수가 절로 나왔다. 하지만 고바야시는 고개를 갸웃거리며 덧붙였다.

"그런데 무슨 말인지는 전혀 모르겠어요."

영국에서도 사용된 거름

 밤의 흙과 밤 사람. 그래, 고바야시가 말한 것처럼 무슨 말인지 잘 모를 거야. 설명을 해 주마. 일본에서 사람의 똥과 오줌을 거름으로 사용했다는 이야기를 듣고 많이 놀랐지? 그런데

최근에 영국에서도 과거에 똥오줌을 이용했다는 사실이 발견되었어. 런던을 가로지르는 템스강이라는 큰 강에 똥을 흘려보내서 수질 오염이 심각해졌을 때, 똥의 일부가 거름으로 사용되기 시작했다는 기록을 찾은 거야. 거기에는 '거름'이 night soil이라고 적혀 있었대.

"선생님, 그런데 왜 그게 밤의 흙이나 밤 사람이 되는 거죠?"
학급 임원 다나카가 물었다.

좋은 질문이야. '밤의 흙'이 우리가 말하는 '거름'인데, 밤하늘처럼 새까매서 '밤의 흙'이 되었다는 설과, 밤에 옮겼기 때문에 '밤의 흙'이 되었다는 설 두 가지가 있어. 나는 둘 다 아주 좋은 표현이라고 생각해. 그리고 그걸 옮기는 사람들을 '밤 사람'이라고 부르는 것도 같은 이유에서지.

부스스 머리 선생님은 교실 모니터에 커다란 나무통을 짊어지고 가는 '밤 사람' 그림을 띄웠다. 그런데 아직도 이해가 잘 되지 않아 나도 모르게 중얼거렸다.
"똥이 원래 그렇게 새까맣던가?"

 그렇지! 너희 똥은 무슨 색이야?

선생님이 갑자기 엄청난 질문을 하셨다. 우리가 놀라 입을 쩍 벌린 채 대답을 못 하자 부스스 머리 선생님이 계속해서 말씀하셨다.

이건 내 추측인데, 고기를 많이 먹으면 똥이 까매지는 것 같아. 먹는 음식에 따라 똥 색깔이 달라지는 거지. 영국의 똥이 '밤의 흙'이라고 불린 것도 까맣기 때문이잖아. 그건 당시의 식생활과도 관계가 있어서, 우리가 알고 있는 똥보다 당시 영국인의 똥은 훨씬 까맸는지도 몰라.

고바야시가 이해했다는 듯 고개를 끄덕였다.
"선생님, 저도 한번 알아볼게요. 영국 할아버지한테 여쭤보면 될 것 같아요."
"그런데 왜 똥을 밤에 옮기는 거예요?"
다나카가 선생님을 빤히 쳐다보며 물었다.

아주 날카로운 지적이야. 나도 그 부분이 궁금해서 여기저기 찾아봤는데, 이렇다 할 이유를 찾지 못했어. 참고로, 일본에서는 밤낮을 가리지 않고 옮겼는데, 도시에 사람들이 많이 살게 되면서 도시 사람들의 사정에 따라 옮기는 시간을 정해 놓게 되었대. 그 문제로 백성들의 불만이 많았다고 하더구나.

일본의 거름 이야기도 할아버지께 여쭤봐야겠다. 좋아! 서바이벌 똥 클럽 친구들에게도 도와 달라고 해야겠어!

과 학 시 간

똥 수 업

서러브레드의 똥은 어디로 갈까?

말의 똥은 '마분'

우리 아빠는 말이 운동장 같은 곳을 달리면서 경주하는 경마라는 걸 즐겨 보신다. 나도 어제 텔레비전으로 봤는데, 달리는 말들을 보면서 계속 이런 생각이 머릿속을 맴돌았다.

'그래, 저 말들도 똥을 누겠지? 그리고 말똥은 대체 어디로 가는 걸까?'

너무 궁금해서 부스스 머리 선생님께 여쭤보았다.

 아주 좋은 발견을 했구나. 말의 똥은 '마분'이라고도 해. 마침 이제 과학 시간이니까 마분에 대해 이야기해 볼까? 그런데 지금처럼 자동차나 지하철이 없던 시절에 사람들은 먼 거

리를 어떻게 이동했을 것 같니?

"걸어서요!" "배로요." "이동 안 해요." "동물 위에 타고요." "마차." 등등 다양한 의견이 쏟아졌다.

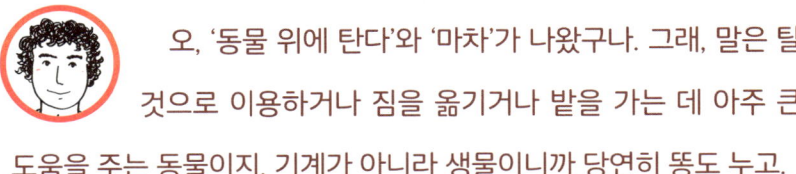
오, '동물 위에 탄다'와 '마차'가 나왔구나. 그래, 말은 탈 것으로 이용하거나 짐을 옮기거나 밭을 가는 데 아주 큰 도움을 주는 동물이지. 기계가 아니라 생물이니까 당연히 똥도 누고.

부스스 머리 선생님은 태블릿 PC를 슥슥 만지더니 그림 한 장을 띄워 보여 주셨다. 우타가와 히로시게라는 사람이 그린 '요쓰야 나이토 신주쿠'라는 그림이라고 한다. 말의 엉덩이가 주인공인 재미있는 그림이다. 앗, 말발굽 옆에 똥이 떨어져 있잖아!

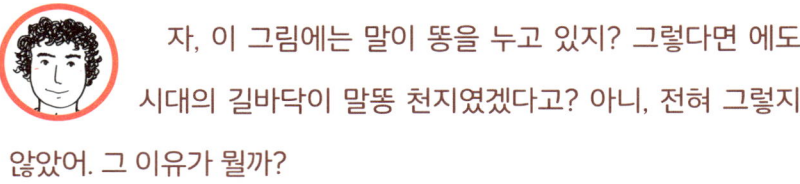
자, 이 그림에는 말이 똥을 누고 있지? 그렇다면 에도 시대의 길바닥이 말똥 천지였겠다고? 아니, 전혀 그렇지 않았어. 그 이유가 뭘까?

흠, 그러고 보니 신기하네. 청소 담당이 있었나?

 말똥만 보이면 냉큼 주워 가는 사람이 있었거든. 그건 너희 같은 어린아이였어.

도움이 되는 마분과 미생물의 세계

"선생님, 똥을 왜 주워 가요? 저는 더러워서 싫어요."
언제나 활기찬 다카하시가 말했다.

 도움이 되니까 주워 가는 거지. 마분은 연료로도 쓰이거든. 말은 지푸라기나 풀을 먹으니까 말똥도 말리면 아주 잘 탄대. 나무를 태우는 것보다 훨씬 효율이 좋았다고 하지. 참고로 아라비아 사막을 지나는 상인들의 밤을 밝히는 데에는 낙타의 똥이 쓰였다고 해.

지금은 어떻게 쓰이는 걸까? 어제 경마장에서 달리던 말들의 똥은 이제 연료로 안 쓰나?

자, 그럼 요즘에는 어떨까? 나도 경마를 아주 좋아해서 알아보러 간 적이 있어. 경마장 말이 훈련하는 곳에는

2,000마리나 되는 말이 있는데, 매일 엄청난 똥을 누지. 그걸 가져다가 지푸라기, 낙엽, 잡초 등과 섞은 다음 미생물의 힘으로 발효시켜서 비료로 만드는 흙 전문가가 계셔. 이건 비교적 최근에 시작된 프로젝트라고 해.

경마장에서 달리는 서러브레드라는 경주마는 도핑 검사(빨리 달릴 수 있도록 약물을 사용했는지 알아보는 검사)를 받기 위해 최대한 약을 먹이지 않고 건강하게 키워야 해서 똥도 아주 건강하거든. 그걸 활용하지 않을 수는 없잖아? 흙 전문가는 꽃을 키워서 공원을 만들기도 하는데,

요즘에는 건강한 꽃을 피우기 위해 서러브레드 똥으로 만든 비료가 꼭 필요하다고 해.

"미생물은 저번 과학 시간에 배운 바이오 화장실을 만드는 데 필요한 거였죠?"
다나카가 또박또박 말했다.

맞아, 우리가 지구에서 살아갈 수 있는 것도 이 미생물 덕분이지. 이름처럼 너무 작아서 눈에는 보이지 않는 생물이야. 너희 손에도 몸속에도 똥 속에도, 그리고 흙 속에도 존재하지. 아까 말한 서러브레드의 똥으로 만든 비료에는 1그램당 12조 마리의 미생물이 있다고 하니, 놀랍지? '미생물은 숨겨진 또 하나의 자연'이라고 불릴 정도로 아주 중요한 존재야. 유기물을 잘게 분해해서 다른 생물에게 전해 주지. 미생물은 정말 대단해.

점심시간에 도서관에 가서 '미생물'에 대해 알아봐야겠다. 그리고 집에 가면 아빠한테 알려 드려야지. 마분은 엄청난 파워를 지니고 있다고.

지구상의 똥 계산하기

인구 증가는 똥의 증가

 어제 텔레비전에서 일본의 인구는 점점 줄어들고 있지만 전 세계 인구는 점점 늘어나고 있다는 뉴스를 봤다. 인구가 늘면 먹을 것이 많이 필요해서 식량 부족 문제가 심각해질 거라고 한다.
 그런데 똥의 관점에서 보면 인구가 늘어난다는 건 똥도 늘어난다는 건데, 똥은 지구상에 날마다 얼마나 나오고 있는 걸까?

 왜 그런 생각을 하게 된 거냐고?
 오늘 수학 시간은 자습을 하게 되면서 부스스 머리 선생님이 칠판에 이렇게 적었기 때문이다.

관심 있는 분야에 대해 더하기, 빼기, 곱하기, 나누기, 분수 등 좋아하는 계산 방식을 사용하여 설명해 보자!
학급 문고에 있는 책을 사용해도 좋다.

나는 옆자리 사토, 뒷자리 야마다와 함께 계산해 보기로 했다. 물론 관심 있는 분야는 '지구상의 똥'이다.

우선, 인간은 하루에 똥을 얼마나 눌까? 학급 문고에 부스스 머리 선생님이 가져오신 똥 관련 책이 잔뜩 있으니 그 중 어딘가에 쓸 만한 정보가 있을 거다.

아니나 다를까, 책벌레 사토가 금방 찾아냈다.

"《똥 과학 도감》에 한 사람이 하루에 누는 똥은 평균 200그램이라고 쓰여 있어."

똥의 양 계산하기

한 사람이 누는 똥의 양을 인구수만큼 곱하면 되겠구나. 흠, 일본의 현재 인구는……. 내가 공책에 적고 있는데 어느새 학급 임원 다나카가 훔쳐보고는 "1억 2,500만 명!" 하고 알려 주었다. 다카하시는 칠판 앞으로 달려가 계산식을 적었다.

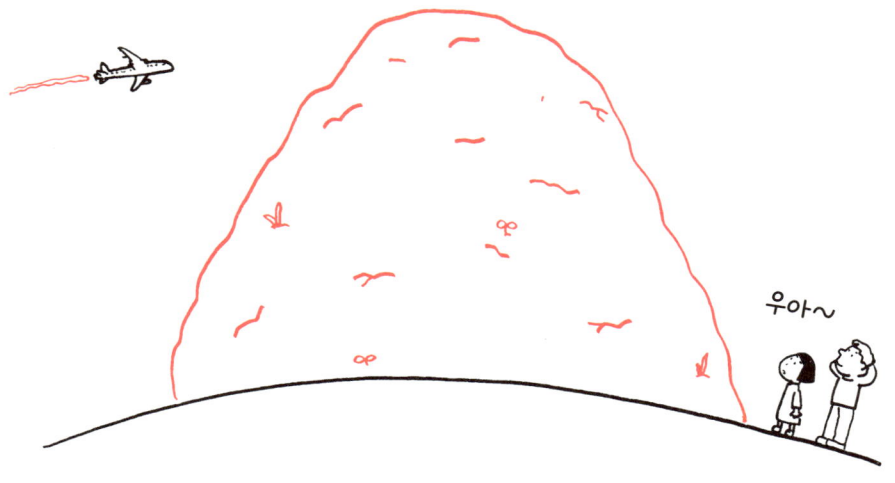

200그램×1억 2,500만 명=

"누가 계산 좀 해 줘."

숫자가 너무 커서 어려웠지만, 계산을 잘하는 고바야시가 25,000,000,000(250억)그램이라는 답을 내주었다. 0이 너무 많으니까 단위를 바꾸자는 이야기가 나왔다.

25,000,000(2,500만)킬로그램이라면…… 2만 5,000톤이다. 흐음, 어느 정도나 되는 것인지 전혀 감이 안 온다.

"덩치가 큰 아프리카코끼리의 몸무게는 대략 7톤이라고 나와 있어."

다나카가 도감을 가지고 와서 말했다.

25,000톤÷7톤은…….

고바야시가 계산하기 시작했다. 나누면 약 3,571이니까 커다란 아프리카코끼리 3,571마리 정도라는 거네. 알 듯 말 듯한 느낌이다.

하지만 엄청나다는 것쯤은 이해했다. 게다가 이건 고작 일본 인구의 하루치에 해당하는 계산이다. 전 세계라면 어느 정도일까? 전 세계 인구는…….

"78억 7,500만 명!"

이번에는 야마다가 알아봐 주었다. 그리고 다 같이 계산을 해 보았다.

200그램×78억 7,500만 명=1,575,000,000,000그램
=1,575,000,000킬로그램
=1,575,000톤

머리가 어지러웠다. 잘은 몰라도 아마 엄청난 양일 것이다.

자습은 원래 혼자서 하는 건데, 어쩌다 보니 오늘은 반 친구들과

다 같이 똥의 양을 계산하고 있었다. 아무튼 재미있었다. 다들 0이 죽 늘어선 칠판을 보면서 놀라기는 했지만 만족스러운 표정을 지었다.

게다가 이건 인간만의 경우이고, 지구상에는 다른 생물들도 많이 살고 있으니 똥의 양을 다 합치면 엄청난 숫자가 나올 것이다. 그것보다 지금까지 다양한 생물들이 계속 똥을 누고 있는데도 지구는 왜 똥밭이 되지 않는 걸까? 똥은 어디로 사라지는 거지? 생각하면 할수록 신기한 수수께끼다.

사회시간 역사편

똥수업 **16**

전쟁과 똥

삶의 기본

나는 요즘 똥은 삶의 기본이 아닌가 하는 생각을 한다. 처음에는 솔직히 장난처럼 들렸지만, 점점 똥은 우리와 떼려야 뗄 수 없는 관계라고 생각되었다. 살아 있는 한, 우리는 언제나 똥과 함께 한다. 그 이야기는 재난이 발생했을 때도, 전쟁이 났을 때도, 그 어느 때라도 똥 문제가 꼭 따라온다는 것이겠지.

부스스 머리 선생님이 '전쟁과 똥'에 대해 이야기해 주셨을 때 그런 생각이 들기 시작했다.

 지난 주 사회 시간에 전쟁에 대해 이야기했지? 오늘은 전쟁을 더 가까운 문제에서 생각해 보고 싶어. 나는 한 가

지 문제를 다양한 각도에서 바라보는 게 중요하다고 생각해. 그래서 가까운 문제라는 건…….

부스스 머리 선생님의 말씀이 끝나기도 전에 우리는 "똥!"이라고 큰 소리로 대답했다. 옆 반에 들려도 상관없다. 우리는 어느새 똥 수업에 푹 빠져 버렸다.

공포의 화장실

 좋아, 그럼 오늘은 내 연구 스승님께 들은 이야기를 소개하지.

스승님의 아버지는 지금으로부터 100년도 더 전인 1915년에 태어나셨어. 1945년 제2차 세계 대전이 끝날 무렵에는 30세였지. 그분은 군인이셨는데, 중국과 필리핀에서 전쟁을 겪다가 필리핀에서 포로가 되셨어. 포로는 전쟁 등의 이유로 상대 국가에 붙잡힌 병사를 말해. 그 후 배를 타고 일본으로 간신히 돌아오시게 되었는데, 그 배 안의 화장실 이야기가 아주 충격적이야. 병사가 가득했던 배 안의 화장실은 어땠을 것 같니?

"먹을 게 없어서 힘들었다는 이야기는 많이 들었는데, 전쟁 중의 화장실 이야기는 처음이에요. 배 안이니까 양동이 같은 데다 누었나요?"

먹보 야마다가 가장 먼저 대답했다. 이어서 다카하시가 손을 들었다.

"제가 그 배에 탔다고 상상하니 너무 무서워요. 화장실에 가기 싫어서 최대한 물을 안 마실 것 같아요."

그건 몸에 좋지 않아. 재난이 발생해서 대피소에 있을 때도 화장실에 안 가려고 물을 안 마시면 몸이 망가지게 되거든. 그걸 탈수 증상이라고 하는데, 몸속 수분이 부족해지면 몸 상태가 나빠진단다.

다시 화장실 이야기로 돌아가자. 일본으로 돌아오는 병사로 가득 찬 배 안의 화장실은 배 가장자리에 걸쳐 놓은 두 장의 널빤지가 고작이었대. 그러니까 바로 밑은 바다인 거야. 내 스승님의 아버지는 그것을 '공포의 화장실'이라고 불렀는데, 너무 무서워서 덜덜 떨면서 똥을 누었다고 해.

교실이 조용해졌다. 상상해 보니 너무 무서웠다. 그런데 다카하시는 놀라울 정도로 밝은 목소리로 말했다.

"그거 디즈니 만화 영화 '피터 팬'에서 본 적 있어요! 해적 두목인 후크 선장이 웬디와 아이들을 배 위의 다이빙대 같은 널빤지 위에 세워 놓고 '그대로 앞으로 가라'고 말해요."

나도 그 장면이 선명하게 떠올랐다. 만화 영화라면 무섭지 않지만, 내가 그 널빤지 끝에 서 있다고 생각하면……! 역시 무서워. 내 얼굴이 하얗게 질렸는지 부스스 머리 선생님이 '괜찮니?' 하고 물어보셨다. 내가 괜찮다고 하자 선생님은 이야기를 계속하셨다.

또 하나, 이건 내 증조할아버지의 이야기야. 증조할아버지는 시베리아라는 곳에 억류당했을 때의 화장실이 잊히지 않는다고 하셨어. 억류라는 건 다른 나라에 붙잡혀서 억지로 그곳에 머무르게 되는 걸 말해. 구멍 뚫린 판자를 건네받았는데, 엉덩이 닦을 걸 주지 않았던 거야. 포로라서 아무것도 주지 않는 줄 알았다가 시베리아 병사들도 엉덩이를 닦지 않는 걸 알고는 충격을 받았다고 해. 너무 추웠지만 입고 있는 옷 안에 있는 솜을 조금씩 꺼내 휴지 대신 쓰면서 엄청 고생을 하셨다나 봐.

이런 이야기, 교과서에는 안 쓰여 있지? 시험에도 안 나오고. 하지만 똥을 통해 전쟁을 바라보니 '만약 나라면…….' 하고 생각하게 되잖아? 친숙한 것에서부터 커다란 문제 바라보기, 나는 이런 관점이 정말 중요하다고 생각해.

교실에는 긴장감이 감돌았다. 부스스 머리 선생님이 평소와 달리 진지했기 때문일까? '딩동댕동' 하고 종이 울리는 순간, 모두 마법에서 풀린 듯이 '후유' 하고 숨을 내쉬었다. 나도 그제야 긴장이 풀렸다.

똥으로 종이 만들기
(코끼리 똥 종이)

도화지의 비밀

오늘 오후에는 미술 시간이 있다.
"똥 그림을 자유롭게 그려도 좋다."
부스스 머리 선생님은 틀림없이 이렇게 말씀하시겠지. 재미있는 시간이 될 것 같다.

얘들아, 안녕? 기다리고 기다리던 미술 시간이다. 자, 도화지 나눠 줄게.

다양한 색깔의 도화지가 교실 안에 퍼지자 괜히 신이 났다. 나는 하늘색 도화지를 골랐다. 응? 뭔가 항상 쓰던 도화지랑 다른걸. 좀

거칠거칠하고 뻣뻣해. 다들 그런 느낌을 받았는지 도화지를 손으로 만지작거리거나 햇빛에 비추어 보기도 했다. 먹보 야마다는 킁킁거리면서 냄새를 맡기까지 했다.

 오! 좋아, 좋아. 뭔가 다르다는 걸 눈치 챘구나. 만지고, 보고, 냄새를 맡는 건 아주 중요한 일이야. 자, 그럼 문제를 낼게. 이 종이는 무슨 종이일까? 직감으로 알아맞혀 보렴.

"풀이 들어 있으니까 풀 종이!"
"뻣뻣한 느낌이 드는 걸로 봐서 재생지?"
"어딘가에서 쓰는 휴지!"
"사실 종이가 아니라 천일지도 몰라."
"알갱이가 들어 있는 것 같으니까 쓰레기로 만든 종이!"

그 외에도 흙으로 만든 종이, 채소 껍질로 만든 종이, 부스스 머리 선생님이 만든 종이, 음식물 쓰레기로 만든 종이…… 등등 아이들이 저마다 자기 생각을 말하느라 교실이 소란스러웠다.

똥으로 종이를 만드는 이유

 그렇군. 다양한 답이 나와서 재미있는걸! 너희가 개발해서 직접 만들어 보는 건 어떨까? 내가 사장이 되어서 팔면 돈을 꽤 벌겠는데, 하하핫. 좋은 아이디어가 정말 많았지만, 하나 빼먹지 않았니? 자, 우리 반 목표가 뭐였더라……?

"헉! 설마, 똥?"
나는 작은 소리로 중얼거렸다.

 맞아! 바로 그거야. 이건 똥으로 만든 종이란다. 코끼리 똥 종이니까 영어로 Elephant poop paper나 Elephant dung paper라고 부르기도 하지.

우아, 진짜?! 생각지도 못했던 똥 이야기에 교실 분위기가 떠들썩해졌다.
부스스 머리 선생님이 계속해서 말씀하셨다.

 그럼 두 번째 문제! 무슨 똥으로 만들었을까? 힌트는 커다란 동물이야. 다들 동물원에서 본 적이 있을걸? 그리고

이 종이는 스리랑카라는 나라에서 만들었어.

"코끼리인가요?"

내 옆자리에 앉은 사토가 대답했다.

 정답! 이건 코끼리 똥으로 만든 종이야. 코끼리 똥에는 엄청난 양의 풀 섬유소가 들어 있어서 그걸 종이 재료로 쓰는 거지.

"그런데 왜 굳이 똥으로 종이를 만든 거예요?"

다카하시가 물었다.

 응, 아주 중요한 질문이야. 스리랑카에서는 정글이 개발되면서 코끼리가 사람이 사는 마을로 나오게 되자 문제가 많이 생겼대. 이때 다치거나 부모를 잃은 어린 코끼리를 보호하는 시설이 만들어졌는데, 일본의 어느 회사가 이 시설의 코끼리 똥을 이용해서 스리랑카의 환경 단체와 함께 이 종이를 개발한 거지. 수익금의 일부는 코끼리 보호 활동에 사용되고 있어. 나는 현지 조사를 하면서 이 활동을 알게 되었는데, 그때 이후로 현장 관찰 기록은 꼭 이 품 페이퍼로 만들어진 공책을 쓰고 있어.

그러고 보니 부스스 머리 선생님의 공책은 이 도화지처럼 각양각색의 뻣뻣한 종이였다. 그래, 서바이벌 똥 클럽 활동 기록장도 이 종이로 만들어 봐야겠다. 옆자리 사토에게 "있잖아, 이 종이로……."라고 말을 꺼내자 사토도 동시에 같은 말을 해서 서로 웃었다.

또 다른 시작과 종례

부스스 머리 선생님, 사랑에 대해 논하다

오늘은 4학년 2반 교실에 오는 마지막 날이다. 내일부터 봄방학이 시작된다.

그런데 내가 4학년 2반의 마지막이면 혹시 부스스 머리 선생님과도 오늘이 마지막인 걸까? 조금 아쉽다.

이런저런 생각에 잠겨 있는데, 부스스 머리 선생님이 큰 소리를 내며 교실 문을 열어젖히고 들어오셨다. 언제나 그랬듯 머리가 폭탄을 맞은 것 같은 모양새였다.

 얘들아, 안녕? 다들 건강한 똥 누고 왔니?

이렇게 인사해도 이젠 아무도 놀라지 않는다. 오히려 당당하게 대답한다.

"네, 잘~ 누고 왔어요!" "난 안 나왔어요!" "바나나 똥이 나와서 주먹을 불끈 쥐었어요!" "오늘도 건강해요!"

그러고 보니 나도 오늘은 무척 만족스러운 똥을 누었다.

그래, 다들 조용히. 오늘은 4학년 2반이 다 같이 모이는 마지막 날이야.

갑자기 교실 안이 조용해졌다.
이윽고 부스스 머리 선생님은 칠판에 이제는 우리들의 구호가 된 문구를 쓰셨다.

우리 반 목표— 똥에 대해 이해하기, 재미있어하기, 생각하기

부스스 머리 선생님과 처음 만난 날 '첫 조회 시간'에도 선생님은 저 문구를 쓰셨다. 그날, 아이들은 저 문구를 읽고 떠들어 댔지만 지금은 조용히 칠판을 바라보고 있다.

그래, 다들 1년 동안 이 목표를 이루었니? 너무 당연한 걸 물었나? 서바이벌 똥 클럽도 생기고, 재난 대피 시 화장

실을 만들어 보고, 우리 4학년 2반은 '똥'과 '화장실'을 '사랑'하는 반이 되었다고 생각해.

부스스 머리 선생님이 '사랑'이라는 말을 꺼낸 순간부터 웃음이 나오기 시작했다. 그때 다카하시가 나서서 질문했다.

 선생님, 아무리 그래도 똥과 화장실을 사랑하다니, 조금 과장 아닌가요? 물론 아주 재미있기는 하지만요.

다카하시는 항상 질문해 줘서 고마워. '사랑'이라는 말에는 다양한 뜻이 담겨 있어. 보통 '좋아한다'는 표현을 많이 쓰지만, 흥미가 생겨 알고 싶어지고, 미래를 함께 생각하게 되는 것을 '사랑한다'고 표현한단다. 이건 사람한테만 해당하는 게 아니라 여러 물체나 존재를 사랑할 수도 있는 거지. 어떤 것이 더욱 알고 싶어진다면 그건 바로 '사랑'이야. 알겠니? 이건 시험에는 안 낼 거야!

부스스 머리 선생님이 가장 좋아하는 티셔츠에 적힌 'I Love Dung!'의 의미를 알 것 같았다. Love는 '사랑'이니까.

우리는 5학년, 부스스 머리 선생님은 아프리카로

다카하시가 모두 궁금해하던 것을 물어봐 주었다.

 선생님, 내년에도 5학년 담임을 맡으시나요?

아이들의 눈과 귀가 부스스 머리 선생님을 향해 쏠렸다.

 안 할 거지롱~!

선생님의 대답에 "헐~."이라든지 "그렇구나."라든지 "왜요?" 같은 불만과 아쉬움이 섞인, 그리고 놀라워하는 반응들이 쏟아졌다. 그러고 보니 부스스 머리 선생님은 1년 동안만 계시는 기간제 교사라고 엄마가 말씀하신 적이 있다. '아기를 낳고 휴가 중이신 선생님이 내년에 우리 반 담임 선생님으로 오시려나?'라는 생각을 하고 있던 순간, 부스스 머리 선생님이 폭탄 발언을 하셨다.

 내년에는 1년 동안 아프리카 잠비아에서 친구가 하는 일을 돕기로 했어.

자, 자, 자, 잠비아??? 아쉬운 기분도 잠시, 순간 궁금증이 발동했다. 그렇다면, 내가 부스스 머리 선생님을 '사랑'한다는 이야기인가?

잠비아는 아프리카 중남부에 있는 나라야. 친구는 그곳에서 아이들과 함께 화장실에 대해 조사하고, 생각하고, 더 좋은 방법을 발명하기 위한 프로젝트를 진행하고 있어. 내가 우리 4학년 2반 친구들과 1년 동안 공부한 것처럼 말이야.

아이들이 화장실에 대해 배우면 그것이 어른들한테도 전달되어서 지역 전체가 바뀌거든. 그렇게 사회와 세계를 바꾸어 나가는 거야. 와, 너무 기대돼!

혼자 들떠 있는 부스스 머리 선생님에게 서바이벌 똥 클럽의 회장 사토가 말했다.

서, 선생님. 1년 동안 재미있는 이야기해 주셔서 감사합니다. 좋아하는 것에 푹 빠지는 재미를 알았어요. 가능할지는 모르겠지만 이다음에 똥 박사가 되고 싶어요.

부스스 머리 선생님이 후다닥 달려와 사토와 악수를 했다.

 힘내렴. 나도 힘낼게. 자, 이것으로 마지막 종례를 마친다. 그리고 이 종례는 5학년 조회 시간과 이어지겠지. 조심히 돌아가도록. 우리 언젠가 또 만나자!

그리고 나서 부스스 머리 선생님은 오른손을 휘저으며 교실을 나섰다.

남겨진 우리는 어안이 벙벙했지만, 왠지 가슴이 두근거렸다. 또 무언가가 시작될 것 같은 예감이 든다.

서바이벌 똥 클럽 활동 기록 ①

화장실 휴지가 없다면!?

옛날에는 화장실 휴지가 없어서 대변을 본 다음 다양한 방법으로 엉덩이를 닦았다고 한다. 서바이벌 똥 클럽에 딱 맞는 주제다. 그래서 우리는 '똥 닦는 방법'에 대해 조사하기로 했다.

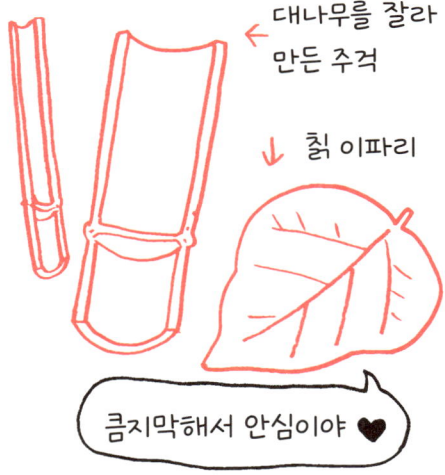

← 대나무를 잘라 만든 주걱

↓ 칡 이파리

큼지막해서 안심이야 ♥

헌 종이, 풀잎, 나뭇잎, 거기에 모래나 자갈, 밧줄, 대나무 같은 나무로 만든 주걱도 엉덩이를 닦는 도구로 이용됐다고 하니 놀랄 만한 일이다.
잎의 종류로는 주로 칡, 쑥, 수국, 머위, 감, 병꽃나무 잎이 좋다고 한다. 할머니한테 물었더니 이 이파리들을 다 알고 계셨다.
피부에 안 좋은 나뭇잎은 사용하면 안 되니까 식물의 특징을 알아 두는 것은 생존을 위해 중요하다. 그리고 조금 시든 잎을 사용하는 것이 좋다고 한다.

서바이벌 똥 클럽 활동 기록 ②

'만약'을 위한
안심 화장실 가이드 만들기

얼마 전, 제법 큰 지진이 났을 때 학교 화장실을 쓸 수 없게 되었다. 변기 물이 내려가지 않았기 때문이다.

뉴스를 보면, 대지진이 났을 때 이재민들에게 먹을 것을 나눠 주는 장면이 나오는데 사실 '화장실 문제를 어떻게 할 것인가?'가 가장 큰 고민이었어. 특히 나이 드신 분들이나 몸이 불편하신 분들에게는 건강에 큰 문제가 생길 수 있잖아.

한신 아와지 대지진 때는 간이 화장실이 준비되기까지 2주일이 걸렸다고 한다. 그렇지만 우리는 날마다 똥과 오줌을 누지. 그러니 간이 화장실이 준비되는 동안 똥오줌 문제를 어떻게 해결할지가 관건이 될 것 같다.

동일본 대지진 때는 학교 선생님과 직원들이 중심이 되어 화장실 문제를 해결하는 '토일렛 버스터즈'라는 팀이 생기기도 했어!

'설마 그런 일이 있겠어?' 하면서 방심할 게 아니라 '일어날 수도 있지.'라는 생각으로 미리 대비하는 게 좋다. 그래서 우리는 '안심 화장실 가이드'를 만들었다.

다음 페이지로! ➡

안심 화장실 가이드

시작

대지진 발생

→ **집에 있다**
- 변기 물이 내려가지 않아! → 욕조에 받아 둔 물 등으로 변기의 오물을 흘려보낸다. 세 번 정도 하니 더 이상 흘려보낼 수 없게 되었다(흑흑).

→ **밖에 있다**
- 화장실이 없어!
  → 땅을 파서 야외 화장실 만들기. 휴지 대신 나뭇잎 사용.
  → 비닐을 가지고 있다면 그 안에 똥을 담아 밀봉한다.

휴대용 화장실이 있으면 편리하다.

오줌을 굳히는 가루 (응고제)가 세트로 들어 있어. 물론 똥도 OK!

주머니에 쏙 들어가는 크기

변기에 비닐을 씌우고 똥을 눈 다음 밀봉한다.

냄새를 잡는 가루가 들어 있다.

간이 화장실이 있으면 편리하다.

도 착

❷ 변기든 양동이든 OK!

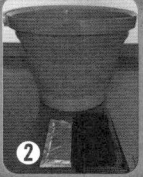
❸ 사진과 같이 비닐을 씌운다.

다양한 비상용(재난용) 화장실 세트

이걸로 일단 안심! 여러 사람이 기분 좋게 사용할 수 있도록 더 생각해 보자.

보이지 않게 해서 안심하고 사용할 수 있는 화장실을 만들고 싶어!

울타리를 쳐서 '남녀' '사용 중' 등으로 구분하자.

다음 페이지에 자세히 정리해 놓았다.

서바이벌 똥 클럽 활동 기록 ③

안심 화장실 대작전

◀농가 여성들의 아이디어는 배울 점이 많다면서 부스스 머리 선생님이 알려 주신 화장실. '현대 농업'이라는 잡지에 실려 있었다고 한다. 우산과 천막 정도는 재난 시에도 구하기 쉬울 것이다.

이와 비슷한 형태의 간이 화장실 세트도 개발되고 있다고 한다. 교실에서 조립해서 다 같이 앉아 봤는데, 처음에는 역시 긴장이 되었다. 하지만 가끔 이런 화장실을 써 보면 어느 때라도 안심하고 똥을 눌 수 있는 기술이 몸에 배지 않을까?

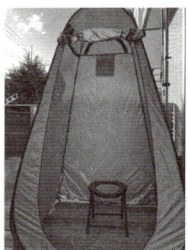
내부는 생각보다 꽤 넓다.

조그맣게 접을 수도 있다.

등에 멜 수 있어 편리하다!

서바이벌 똥 클럽 활동 기록 ④

두근두근 화장실 아이디어

안심 화장실 제품을 찾아보면서 '어린이들도 이해하기 쉬운 제품이 많으면 좋을 텐데.'라는 생각을 했다. 그리고 외국어 설명이 있으면 더 좋을 것 같았다. 나이 드신 분들이나 몸이 불편하신 분들을 위한 제품도 필요하다. 그래서 어린이가 연구한 안심 화장실 제품을 발명하기로 했다. 우리가 생각한 것은 아래의 다섯 가지다.

❶ 어린이가 똥을 누고 싶어지는 재미있는 휴대 화장실
겉 포장지 디자인이나 색깔을 다양하게 만들어 보면 좋을 것 같다.

❷ 외국어도 표기한 '안심 화장실 가이드'

❸ 더 넓은 '안심 화장실'
휠체어를 타고 들어갈 수 있고, 간병인도 함께 들어갈 수 있는 여유로운 크기로 만들고 싶다.

❹ 휴지 대용 나뭇잎 도감
어떤 나뭇잎이 휴지 대용으로 알맞은지 알아 두기 위한 도감을 만들자.

❺ 대피 훈련 '안심 화장실' 버전
해마다 대피 훈련을 하지만, 지금까지는 한 번도 화장실과 관련된 훈련을 받은 적이 없다. 그래서 우리끼리 '안심 화장실'을 연구하고 시험해 보는 프로그램을 만들어서 세계 화장실의 날(11월 19일)에 학교에서 안심 화장실 훈련을 할 수 있도록 제안해 보려고 한다.

서바이벌 똥 클럽 활동 기록 ⑤

각자의 활동 기록을 적어 보자!

'똥' 관련 도서 목록

똥에 관해 더 알고 싶어, 생각해 보고 싶어!
- 《똥 도감》, 아라마타 히로시 감수, 송지현 옮김, 북뱅크
- 《교양없는 이야기》, 하야카와 이쿠오 글, 테라니시 아키라 그림, 윤지나 옮김, 프리렉
- 《똥 맛있게 먹었습니다(うんこはごちそう)》, 이자와 마사나 사진·글, 야마구치 마오 그림, 농산어촌문화협회 (국내 미출간 도서)
- 《벌레의 똥(むしのうんこ)》, 이타미시 곤충관 엮음, 가쿠마사 미유키 구성·글, 가시와쇼보 (국내 미출간 도서)
- 《똥은 대단해(うんちはすごい)》, 가토 아츠시, 이스트신서Q (국내 미출간 도서)
- 《누구의 똥?(だれのうんち?)》, 고미야 데루유키 감수·사진, 아리사와 시게오 구성·글, 가이세이샤 (국내 미출간 도서)
- 《타임머신으로 돌아가고 싶어(タイムマシンで戻りたい)》, 일본똥학회, 가도카와문고 (국내 미출간 도서)
- 《고지키 이야기(古事記物語)》, 후쿠나가 다케히코, 이와나미 소년문고 (국내 미출간 도서)
- 《똥으로 연결되는 세계와 나(うんこでつながる世界とわたし)》, 유자와 노리코 엮음, 이시이 기요타카 그림, 전 3권, 농산어촌문화협회 (국내 미출간 도서)

화장실에 관해 더 알고 싶어, 생각해 보고 싶어!
- 《화장실을 만들다 미래를 만들다(トイレをつくる 未来をつくる)》, 아이다 노리유키, 포플라샤 (국내 미출간 도서)
- 《만약 화장실이 없다면(もしもトイレがなかったら)》, 가토 아츠시, 소년사진신문사 (국내 미출간 도서)
- 《화장실 가도 되나요(トイレにいっていいですか)》, 데라무라 데루오 저, 와카야마 시즈코 그림, 아카네쇼보 (국내 미출간 도서)
- 《화장실학 대사전(トイレ学大事典)》, 일본화장실협회 역음, 가시와쇼보 (국내 미출간 도서)
- 《팬티 인문학》, 요네하라 마리, 노재명 옮김, 마음산책

*이 목록은 참고 문헌을 포함하고 있습니다.

어른들을 위한 후기

'의식주'에 '변'을 더하면

이 책을 용기 내어, 또는 흥미를 가지고 읽기 시작한 어른 여러분에게 경의를 표하며, 먼저 저의 비밀을 이야기해 보겠습니다.

저는 초등학생 시절, 청소 시간에 오줌을 지린 경험이 있습니다. 그 일은 제 속에 피어나기 시작했던 자존심이 짓뭉개지는 엄청난 사건이었지요. 이 책에 등장하는 다나카와 다카하시를 합쳐 반으로 나눈 듯한 성격이었던 저에게는 믿기 어려울 정도의 충격으로 다가온 사건이었습니다.

그 당시에는 '청소 시간에는 화장실에 가면 안 된다'고 생각했던 모양입니다. 생리적 욕구보다 시간을 지키는 것이 더 중요하다는 저만의 규제에 얽매였는지도 모르지요. 하지만 지금 생각해 보면 생리적 욕구를 해결하는 것이 당연히 더 중요하므로, 타임머신을 타고 돌아가 "화장실 다녀와도 괜찮아. 배설이란 건 아주 중요한 거야."라고 그날의 저에게 알려 주고 싶습니다.

저의 전문 분야인 지리학에서는 현지 조사를 통해 동서고금을 막론하고 우리 인간이 다양한 삶의 방식과 살아가는 기술을 터득해 왔다는 것을 배우고, 경험하는 기회를 얻습니다. 그 중에서도 '의식주'에 '변'을 더해 보면 우리가 몰랐던 세계가 펼쳐집니다. 저는 언제부터인가 그것에 푹 빠져 버렸습니다. '먹는 일'과 '내보내는 일'의 연결 고리를 생각하는 것은 저에게 세계의 복잡함과 재미를 아는 최고의 연구였지요.

이처럼 복잡하고 다양한 세계와 인간의 관계를 알고 즐기면서 편협한 사고로부터 자유로워졌으면 좋겠다는 생각을 '부스스 머리 선생'을 통해 전하게 되었습니다. 이 책은 사실 어린이뿐 아니라 어른들에게 더 필요할지도 모릅니다.

이러한 저의 생각을 받아들여 주시고, 멋진 책으로 엮어 주신 출판사의 다카나시 가나에 님께 큰 도움을 받았습니다. 함께 즐거워해 주셔서 감사합니다. 이 즐거움을 어린이들에게 전달하는 일은 유머와 애교 넘치는 가나이 마키 님의 일러스트와 닐손 님의 디자인 없이는 불가능한 일이었습니다. 꿈만 같은 도움에 감사드립니다.

이 책에 나오는 에피소드는 모두 제가 현지에서 겪은 경험과 저의 연구 동료, 스승님, 친구들이 겪은 실화를 바탕으로 한 것입니다. 깜짝 놀랄 만한 동서고금의 똥 이야기를 제공해 주신 여러분께 이 자리를 통해 감사 말씀을 드립니다.

지은이 **유자와 노리코**(湯澤規子)

작가 소개

글 유자와 노리코

1974년 오사카 출생. 호세이대학교 인간환경학부 교수(문학 박사)로, 전문 분야는 역사 지리학과 농업사다.
지은 책으로는 《일곱 봉지의 포테이토 칩―식사를 논하는 위장 전후 역사》, 《위장의 근대―음식과 사람의 일상사》, 《똥은 어디서 와서 어디로 가는가―인분 지리학의 시초》, 《추천 음식 이야기―음식으로 시작하는 워크숍 입문》이 있으며, 그림책 《똥으로 연결되는 세계와 나》 시리즈 등이 있다.

그림 가나이 마키

1974년 지바현 출생. 문필가이자 일러스트레이터로 활동하고 있다. 국내에 소개된 저서로는 《술집 학교》, 《전쟁과 목욕탕》이 있다. 《일본어를 잡아라!》 시리즈와 이와나미 주니어 스타트 북스 등의 그림을 그렸다.

옮긴이 김나정

릿쿄대학교에서 국제경영학을 전공하고 이화여자대학교 통역번역대학원에서 번역학 석사 학위를 받았다. 현재 출판번역 에이전시 유엔제이에서 일본어 번역가로 활동하고 있다.
옮긴 책으로는 《크리에이티브 사고를 방해하는 것들》, 《논리적으로 글쓰는 습관》, 《논리적으로 생각하는 습관》, 《마인크래프트로 배우는 지구 대백과》 등이 있다.

똥 수업

2023년 7월 20일 초판 1쇄 발행

지은이 유자와 노리코
그린이 가나이 마키
옮긴이 김나정
펴낸이 김병준
펴낸곳 (주)지경사
주　소 서울특별시 강남구 논현로 71길 12
전　화 02)557-6351(대표) 02)557-6352(팩스)
등　록 제10-98호(1978. 11. 12)

Original Japanese title: UNKOBANASHI
by Noriko Yuzawa, Maki Kanai

Copyright ⓒ Noriko YUZAWA, Maki KANAI, 2022
Japanese edition published by HOMESHA Inc.
Korean translation rights arranged with HOMESHA Inc.
through The English Agency (Japan) Ltd. and Danny Hong Agency.

이 책의 한국어판 저작권은 대니홍에이전시를 통해 저작권자와 독점 계약한 (주)지경사에 있습니다.
저작권법에 의하여 한국 내에서 보호를 받는 저작물이므로 무단전재와 무단복제를 금합니다.

편집 책임 한은선　**국내 디자인** 이수연
ISBN 978-89-319-3431-1 (73030)
잘못 만들어진 책은 구입하신 곳에서 바꾸어 드립니다.